ENSAYOS SOBRE DERECHOS HUMANOS

Mtro. Jorge Mena Vázquez

Prólogo del Doctor Héctor Fix Zamudio

Mena Vázquez, Jorge
Ensayos sobre Derechos Humanos
1ª. Ed. Paperback
Ciudad de México, 2020
112 p. 15.24 x 22.86 cm

ISBN 9781671772045

Impreso por demanda por Amazon
5524978083
E-mail:: jorgemenavazquez@gmail.com
Página Web: www.mena.org.mx

© 2020 Jorge Mena Vázquez

A mis hijos Leonardo, Sofía y Jorge

CONTENIDO

CONTENIDO V

PRÓLOGO (Dr. Héctor Fix Zamudio) XI

Nota a la edición Paperback... XXV

1. Superación del iuspositivismo: los derechos humanos, entre las reglas y los principios 1

    Introducción..1

    1.1   Posturas filosóficas y derechos humanos 3

        1.1.1   Iuspositivismo e iusnaturalismo 3

    1.2   Antecedentes iusfilosóficos de los derechos humanos, las declaraciones de derechos 4

    1.3   Obligatoriedad de los derechos humanos en un orden normativo.................6

        1.3.1   Kelsen y los principios 6

        1.3.2   La Constitución de detalle 7

        1.3.3   La especificidad y los derechos...7

    1.4   Críticas a la visión obligatoria de los derechos 8

    1.5   Alexy y su distinción entre principios y reglas......................................10

    1.6   Reflexiones personales 11

    1.7   Conclusiones..12

1.8 Bibliografía 13

2 La noción de derecho subjetivo y los derechos humanos 15

Introducción 15

2.1 Derechos humanos 17

2.1.1 El significado de tener "derechos" 18

2.1.2 Método para abordar el problema 19

2.1.3 El estudio de los derechos (jurídicos) desde el concepto de derechos morales 21

2.1.4 El estudio de los derechos (jurídicos) con independencia del análisis general (o del análisis de los derechos morales) 22

2.3 El desarrollo conceptual de derechos humanos en México 25

2.3.1 Los usos del concepto "derechos humanos" en las fuentes del derecho en México 25

2.4 Las generaciones de derechos humanos 28

2.4.1 La primera generación de derechos humanos 28

Podemos observar que los primeros instrumentos de defensa de los derechos son los documentos ingleses. 28

2.4.2 Segunda generación de derechos humanos 30

2.4.3 Tercera generación 30

2.5 El concepto de derecho subjetivo 30

2.6 Reflexión sobre el concepto de derecho subjetivo y los derechos humanos 31

2.7 Conclusiones 33

2.8 Bibliografía 34

3 Derechos humanos vs. Democracia, sobre la legitimidad y naturaleza del control jurisdiccional de la legislación 37

Introducción 37

3.1 Planteamiento El Control Constitucional de las leyes: origen, legitimación, clasificación y función 39

3.2 Antecedentes históricos del control judicial de la legislación 39

3.3 Críticas al Control Constitucional 41

- 3.3.1 El Control constitucional como institución antidemocrática 41
- 3.3.2 Raz y el bien común 42
- 3.3.3 Nino y la construcción de una democracia deliberativa 43
- 3.4 La legitimidad del control constitucional según Mauro Cappelletti 44
- 3.5 Los tipos de democracia aplicable al control constitucional 45
  - 3.5.1 El control constitucional como decisión subjetiva 46
  - 3.5.2 El control constitucional como decisión impráctica 46
- 3.6 Clasificación del control constitucional de leyes 47
- 3.7 Sistema de control posterior a la promulgación de la norma 48
  - 3.7.1 Control difuso o judicial review en Estados Unidos 48
  - 3.7.2 Control concentrado 48
- 3.8 Competencia y límites del Control Constitucional 48
- 3.9 Conclusiones 49
- 3.10 Bibliohemerografía 50

4 Los Bills of Rights norteamericanos 53
Introducción 53
- 4.1 Antecedentes ingleses 55
  - 4.1.1 Planteamiento 55
  - 4.1.2 Antecedentes remotos 55
- 4.2 El contexto ideológico, político y filosófico de los derechos humanos 57
  - 4.2.1 Planteamiento 57
  - 4.2.2 Locke y el iusnaturalismo: su influencia en los bills of rights norteamericanos y en el constitucionalismo 57
  - 4.2.3 Bill of Rights y Constitución 58
- 4.3 El Bill of Rights de la Constitución norteamericana y sus predecesores 58
- 4.4 El contenido del Bill of Rights norteamericano 60
  - 4.4.1 Planteamiento 60
  - 4.4.2 Los derechos fundamentales consagrados en el Bill of Rights 60
  - 4.4.3 La discusión sobre derechos individuales o derechos de las mayorías 60

4.5 Reflexiones en cuanto a sus alcances 61

4.6 Conclusiones 62

4.7 Bibliohemerografía 62

5 La legitimidad activa en el control constitucional de leyes. Casos México y España 65

Introducción 65

    5.1 Derecho procesal y derechos humanos 66

    5.2 La legitimación activa en la justicia constitucional 67

        5.2.1 Concepto de legitimidad o legitimación en la dogmática procesal 68

        5.2.2 Opinión de Luis Prieto Sanchís 68

    5.3 La legitimación activa en el control concentrado de la constitucionalidad de las leyes, en el sistema kelseniano 69

        5.3.1 Los orígenes 69

        5.3.2 Kelsen y la legitimación activa 69

        5.3.3 La actio populares 69

        5.3.4 Iniciación de oficio 70

        5.3.5 La legitimación activa de la minoría política 70

        5.3.6 Sobre el concepto de la minoría político-parlamentaria 71

    5.4 La legitimación activa en el recurso de inconstitucionalidad español y en la acción de inconstitucionalidad mexicana 71

        5.4.1 La regulación de la legitimación activa en el recurso de inconstitucional español 71

        5.4.2 La regulación de la legitimación activa en acción de inconstitucionalidad mexicana 72

    5.5 Comparación jurídica 74

    5.6 Conclusiones 74

    5.7 Bibliohemerografía 75

Sobre el autor 79

Otras publicaciones y materiales de difusión del autor 81

    Libros 81

Publicaciones electrónicas 81
Artículos en revistas 82
Guías de estudio: 83
Reseñas 83
Participación en Congresos 83
Programas de Televisión 83

PRÓLOGO (Dr. Héctor Fix Zamudio)

Me es grato redactar unas breves reflexiones como introducción a la obra recopilativa del joven jurista mexicano Jorge Mena Vázquez, entonces Investigador del Centro Nacional de Derechos Humanos de la Comisión Nacional de los Derechos Humanos, la que lleva por título Ensayos sobre Derechos Humanos, y contiene los estudios que presentó en los cursos de Doctorado sobre Derechos Humanos, que realizó con motivo del convenio celebrado por la Universidad Nacional de Educación a Distancia de Madrid, con la citada Comisión Nacional.

De acuerdo con la misma denominación del libro, los cinco trabajos que lo integran están elaborados sobre el tema de los derechos fundamentales, desde diversos ángulos, que en su conjunto pueden formar una unidad.

El primero de los ensayos se refiere al tema de Derechos Humanos contra Democracia. Sobre la legitimidad y naturaleza del control jurisdiccional de la legislación. En este estudio se pretende como objeto esencial precisar el papel del control constitucional de las leyes en la construcción conceptual de los propios derechos humanos. Tomando en consideración dicho objetivo, el autor analiza los antecedentes históricos del control de la legislación respecto de los cuales sigue al ilustre jurista italiano Mauro Cappelletti, recientemente desaparecido, quien atribuye el surgimiento del problema a los pensadores griegos; posteriormente, durante la Edad Media se estableció la distinción entre el derecho natural y el positivo, y esta evolución culmina con la aportación de la Constitución Federal de los Estados Unidos de 1787, en el cual se encuentran las bases de la revisión judicial. Actualmente, el control de la constitucionalidad de las disposiciones legislativas se ha consagrado por la mayoría de los ordenamientos contemporáneos, pero esta institución no está exenta de críticas, ya que algunos autores norteamericanos como el juez de la Corte Suprema de los Estados Unidos Stephen G. Breyer, el profesor Alexander M. Bickel y el jurista italiano Roberto Gargarella, consideran que jueces no electos por la ciudadanía ni sujetos a una responsabilidad inmediata, carecen de legitimidad para anular las disposiciones legislativas, y por lo tanto dichos autores consideran que el control de la constitucionalidad de las leyes es antidemocrático, subjetivo e impráctico.

El autor analiza con profundidad dichas críticas, y para ello invoca a Joseph Raz, en cuanto ha sostenido que la actividad del control constitucional debe considerarse como un foro en el cual se discuten cuestiones del bien común dentro del cual están comprendidos los derechos humanos. Santiago Nino, el que admite el citado control únicamente cuando protege las reglas del proceso democrático; de acuerdo con la autonomía moral que permite a las personas elegir ideales de excelencia personal y de planes de vida basados en ellos, y garanticen la eficacia de las decisiones democráticas mismas. Por su parte, Ronald Dworkin justifica la labor de los jueces constitucionales cuando realizan una lectura moral de la Constitución. A continuación el autor cita a Mauro Cappelletti, quien debido a su dominio tanto del derecho procesal como el constitucional, desde mi punto de vista es el autor que defiende con argumentos más convincentes la legitimidad del control de constitucionalidad de las disposiciones legislativas, entre los cuales se pueden mencionar la gran crisis de legitimidad de la representación política; en segundo término, la designación política de los jueces constitucionales debe considerarse como una representación indirecta, la que se fortalece con un constante diálogo y, además, por conducto de resoluciones bien motivas y accesibles al público; en tercer lugar, el control constitucional admite que los grupos políticos minoritarios tengan acceso real al poder; por otra parte, las relaciones entre los tribunales ordinarios y los constitucionales por conducto del planteamiento de las cuestiones de constitucionalidad, permite a los segundos estar en contacto con casos concretos y por tanto con la realidad social. Finalmente, Cappelletti señala que la democracia no se reduce a la regla de las mayorías, ya que también significa participación, libertad y tolerancia.

Mena Vázquez, con apoyo en las opiniones anteriores, considera que el control de la constitucionalidad de las disposiciones legislativas, debe considerarse claramente legitimado inclusive en el ordenamiento mexicano, en el cual es relativamente reciente. Para continuar su análisis realiza una clasificación del citado control en previo y posterior a la promulgación de las disposiciones legislativas. Como ejemplo del primero menciona la impugnación de las normas legislativas antes de su promulgación ante el Consejo Constitucional francés, el que se ha convertido en la práctica en un organismo jurisdiccional. El segundo predomina en la mayoría de los ordenamientos contemporáneos.

El autor afirma que los organismos jurisdiccionales especializados en la solución de conflictos derivados de la aplicación de las normas constitucionales, si bien realiza actividades de carácter jurídico político, con independencia de si están situados dentro del poder judicial o fuera del mismo, sus funciones esenciales son estrictamente jurisdiccionales.

El segundo estudio del joven jurista Mena Vázquez está vinculado a sus conocimientos de filosofía del derecho, ya que examina el tema Superación del iuspositivismo: los derechos humanos entre las reglas y los principios. Como lo señala el autor, el objetivo que persigue con su análisis es la comprensión de la estructura normativa de los derechos humanos en un orden jurídico determinado. En la discusión sobre el tema han intervenido numerosos autores como Robert Alexy, Manuel Atienza, Rex Martin, Ronald Dworkin, Eugenio Bulygin, José Juan Moreso, Ricardo Guastini, así como los clásicos Hans Kelsen, Norberto Bobbio, Jeremías Bentham y Karl Loewenstein, entre otros.

El autor parte de la afirmación del jurista alemán Robert Alexy en el sentido de que el problema central de la polémica acerca del concepto de derecho es la relación entre derecho y moral, ya que las respuestas principales derivan de los positivistas que sostienen la tesis de la separación, en tanto que los no positivistas se unen al criterio de la vinculación entre derecho y moral. Por otra parte, debe tomarse en consideración que como lo señala el insigne jurista y politólogo italiano Norberto Bobbio, existe un positivismo moderado, al que se adhiere.

Lo anterior nos conduce al planteamiento de la pertenencia de los derechos humanos al orden jurídico y su obligatoriedad, lo que no es tan evidente como a primera vista parece, y lo mismo ocurre respecto de aquellos principios que se consagran en fórmulas muy vagas y por ello se discute si son realmente obligatorios, y la medida en la que obligan o a quién obligan.

Al respecto, el ilustre Hans Kelsen señaló que si la Constitución pretende establecer principios a las leyes, debería formularlos de una manera tan precisa como le fuera posible, pero que si se trata de principios que no han sido traducidos en normas de derecho positivo, sino que debieran serlo sólo porque son justos, entonces se trata de postulados que no son jurídicamente obligatorios, lo que significa que lo señalado por el legislador en la Constitución debe ser manejado a detalle si se pretende que sea imperativo, ya que la preocupación del fundador de la escuela de Viena, es la de impedir una decisión discrecional por parte del juez constitucional.

El autor señala, de acuerdo con el pensamiento de Robert Alexy, que en la mayoría de las Constituciones del mundo los derechos fundamentales se encuentran regulados en fórmulas vagas e imprecisas, y por ello se discute en ocasiones respecto de sus límites. En general los tribunales constitucionales, entre ellos el español, han señalado que no existen derechos ilimitados, pero pueden presentarse entre ellos contradicciones, y en este supuesto es preciso elegir entre ellos, o bien procurar su armonización, ya que la operación que se aplica al decidir sobre estos derechos no es la subsunción sino la ponderación.

Destaca Mena Vázquez que en esta cuestión relativa a la obligatoriedad de los derechos fundamentales, deben estimarse significativas las reflexiones del citado jurista alemán Robert Alexy, quien considera que la vaguedad en el catálogo de los derechos humanos, debe considerarse similar al de la discreción judicial que debe utilizar el juez constitucional para interpretar esas formulaciones, pero dicha discreción judicial puede compensarse con un esquema de argumentación y de reglas para establecer la racionalidad del discurso judicial y el diálogo con el poder legislativo.

El propio Alexy sostiene que el modelo puro de reglas jurídicas debe considerarse insuficiente para otros tipos de disposiciones de la Ley Fundamental, como son aquellas que consagran los principios, que también están relacionados con los valores. Estos últimos deben apreciarse de acuerdo con lo mejor, en cambio los primeros en relación con lo debido.

Para Mena Vázquez mientras más concretas sean las disposiciones jurídicas, especialmente las relativas a los derechos humanos, será más fácil observar su obligatoriedad, pero ello no ocurre con las normas de la mayoría de las Constituciones que están redactadas en forma imprecisa, algunas de ellas debido a la influencia del iusnaturalismo racional, por lo que la opción más realista es establecer un modelo institucional para descubrir el sentido de las normas y de los principios, por lo menos en aquellos casos de frontera o paradigmáticos.

El tercer estudio, que es el más extenso y documentado de la obra que se comenta, se refiere a La noción de derecho subjetivo y los derechos humanos. A este respecto sostiene el autor que el concepto de derecho subjetivo ha sido central en la evolución de la teoría del Derecho en general, y su reflejo en la doctrina de los derechos humanos es de vital importancia, si se toma en cuenta que la eficacia de la defensa de estos derechos depende en forma directa de la ampliación o restricción de la esfera jurídica de los gobernados por parte de la autoridad, así como de los límites del sistema jurídico, como pueden ser los relativos a la capacidad del Estado para darle cumplimiento inmediato a algunos derechos, o de decidir sobre todos los conflictos que surgen en esta materia.

Para resolver esta cuestión es necesario determinar el concepto de derecho subjetivo, el cual, de acuerdo con las teorías tradicionales, carece de precisión semántica, pues como lo señala el autor existe una diferencia entre dicha institución y los derechos humanos, ya que el derecho subjetivo es utilizado en sentido técnico, como lo hizo Hans Kelsen, para conferir a una persona determinada el interés jurídico para presentar ante un tribunal la pretensión de que se respete dicho derecho, pero esta idea ha sido cuestionada cuando se concibe a los derechos humanos como una corrección del sistema jurídico o cuando se habla de los derechos humanos de las llamadas segunda o tercera generaciones.

El propósito del estudio realizado por Mena Vázquez es analizar el nivel del lenguaje normativo en el sistema jurídico mexicano y para ello primeramente se refiere a la utilización de dicho lenguaje en la realidad de los derechos humanos, para lo cual el autor considera que es necesario partir de la idea de los derechos en general, para precisar con posterioridad la expresión derechos humanos, lo que no resulta sencillo en virtud de que el estudio de estos últimos puede hacerse desde diversas perspectivas de acuerdo con los iusfilósofos que los abordan como W. H. Hohfeld, H. L. A. Hart, L. Becker, C. Welman, R. Flatham, J. Feinberg, R. Dworkin y J. Habermas, entre los cuales predomina el pensamiento de que deben abordarse las relaciones entre el derecho y la moral y la determinación de sus límites, en virtud de que las que derivan de los aspectos más generales se apoyan en la relación entre el derecho y la moral, si se toma en cuenta que desde el punto de vista lingüístico siempre existe un núcleo de significado claro y una zona de penumbra, y es en esta última en la cual se presentan varios significados.

En esta materia existen dos preocupaciones esenciales, la de ser precisos y la de lograr entender los fundamentos de los derechos, la primera preocupación teórica de los derechos está relacionada con las teorías del uso del lenguaje, en tanto que la discusión de los fundamentos sea vinculada más con la teoría formal del significado que los autores atribuyen a los conceptos.

Mena Vázquez analiza las diversas teorías que se han expresado en relación con el concepto de los derechos subjetivos, como la de Joseph Raz, que realiza el estudio desde el concepto de los derechos morales; la de Hohfeld sobre el esquema de opuestos y correlativos, así como las ideas expuestas por Jeremy Waldron, para quien las teorías de los derechos basadas en argumentos jurídicos se han dividido en dos corrientes, la de la elección y la del beneficio o del interés, la primera desarrollada por H. L. A. Hart y la segunda defendida por autores como David Lyons, Joseph Raz y Neil MacCormick.

Se examina a continuación, la cuestión relativa a los fundamentos de los propios derechos humanos que se apoya en las concepciones históricas del iusnaturalismo racional expuestas por autores como John Locke, Thomas Paine e Immanuel Kant, las que se incorporaron en las primeras constituciones modernas como las expedidas por las nacientes Entidades Federativas en los Estados Unidos de América durante la guerra de independencia y posteriormente por la Federación, así como las primeras leyes fundamentales francesas revolucionarias.

Por lo que respecta a México, de manera tradicional se adoptaron los nombres de garantías individuales o el de derechos del hombre, con predominio del primero, pero la denominación de derechos humanos es muy posterior, ya que surgió por vez primera en la reforma del artículo 102 de la Constitución Federal vigente en enero de 1992, al introducirse a los organismos no jurisdiccionales protectores de los propios derechos humanos. En cuanto a la jurisprudencia de los tribunales federales, especialmente la establecida por la Suprema Corte de Justicia, ha utilizado con preferencia la denominación de garantías individuales y sociales, pero en ocasiones también se les califica de derechos del hombre o garantías constitucionales (en su sentido tradicional y no contemporáneo).

Por otra parte, el autor estudia las llamadas generaciones de los derechos humanos. James Griffin, estima que la primera generación se refiere a los clásicos derechos de libertad de los siglos XVI y XVIII; la segunda a los derechos de bienestar (económicos, sociales y culturales), de la segunda mitad del siglo XX; y la tercera está conformado por los de nuestro tiempo, conocidos en su conjunto como derechos de solidaridad, entre ellos los de los grupos sociales. Después de un análisis pormenorizado del posible contenido de las citadas generaciones de derechos y su lenta consagración en el ordenamiento mexicano, Mena Vázquez utiliza las reflexiones anteriores para precisar el concepto de derecho subjetivo y su relación con el de los derechos humanos en sus tres generaciones, ya que a la primera se le puede aplicar la noción tradicional de derechos subjetivos, pero no ocurre lo mismo en relación con las otras dos, respecto de las cuales es preciso superar dicha idea tradicional del derecho para descubrir mecanismos que permitan su eficacia en la realidad.

En relación con las dos últimas generaciones de derechos humanos, el autor considera que es necesario transformar el tipo de pretensiones que tiene los gobernados para dotar de obligatoriedad a los programas concretos de políticas públicas, con el objeto de hacer realidad los derechos económicos, políticos y sociales. En cuanto a los de solidaridad, es importante que las políticas de los gobiernos en estos aspectos se orienten de acuerdo a los resultados de mecanismos de consulta popular como el referéndum y el plebiscito.

El cuarto estudio de Mena Vázquez se refiere al Bill of Rights y la Constitución de los Estados Unidos, cuya cuestión interesa al autor debido a que con el reconocimiento de los derechos humanos en la Carta Federal norteamericana se advierte la transición del derecho natural al derecho positivo, lo que debe considerarse como un aspecto esencial en la historia de los derechos humanos. Se inicia este análisis histórico con el examen de los antecedentes ingleses de dicha declaración de derechos y de algunas instituciones importantes que surgieron de su consagración en los documentos constitucionales tanto de las Entidades Federativas como de la Federación, y que se pueden dividir en sustantivos, que regulan directamente los derechos, y en adjetivos, que se refieren a los procedimientos que garantizan la realización de estos derechos.

Por lo que respecta al primer sector, la mayoría de los autores concuerdan en la afirmación de que los antecedentes en materia libertaria tienen su origen remoto en la Magna Charta de 1215, la Petition of Rights de 1628 y el Hill of Rights de 1689, entre los cuales no existe una estricta relación de continuidad, pero en su conjunto influyen en el desarrollo de los derechos humanos en los Estados Unidos. Por su parte Jorge Jellinek, en su clásico estudio sobre el surgimiento de la positivización de los derechos humanos, consideró que las leyes inglesas estaban muy lejos de reconocer los derechos generales del hombre, pero lo anterior, como señala el autor, no significa que dichos ordenamientos británicos no reconocieran ciertos derechos como se desprende del estudio clásico de Jean Louis de Lolme, aparecido primeramente en 1771, obra en la cual señaló como derechos fundamentales específicos, el de propiedad, la libertad de imprenta, el de libertad religiosa así como el de resistencia del pueblo, este último como fundamento perdurable de las libertades inglesas.

En cuanto a los aspectos adjetivos, Mena Vázquez se apoya en el análisis realizado por el jurista mexicano Rolando Tamayo y Salmorán, quien sostiene que la contribución de Inglaterra a la defensa y garantía de la supremacía del derecho fue la que denomina Epopeya judicial, que se apoyó en dos mecanismos: la equity y el Writ of Habeas Corpus. De acuerdo con la primera, cuando se causaba un perjuicio a una persona y no existía un remedio concreto en los distintos procedimientos (writs), se podía acudir al Monarca (en realidad, al Canciller) en una primera etapa, y posteriormente a los distintos tribunales de equidad, para lograr la protección que no se podía obtener en los tribunales ordinarios. Por lo que respecta al hábeas corpus, debe considerarse como el más importante instrumento procesal en beneficio de la libertad personal.

Además de la defensa directa de los derechos por parte de las autoridades judiciales, debe destacarse la importancia de la jurisprudencia (precedents), la que puede considerarse como un verdadero factor de unidad, ya que fueron los jueces y no los príncipes y los legisladores los que construyeron el common law, también considerado como la ley del país (law of the Land).

Por otra parte, detrás de los bills of rights norteamericanos existe la influencia de John Locke dentro de la corriente iusnaturalista. En efecto, se cita por la doctrina un pasaje de este notable pensador inglés en el cual señaló que la sociedad de hombres fue instituida con la única mira del establecimiento, la conservación y el desarrollo de sus intereses civiles, dentro de los cuales se encuentran la vida, la libertad, la salud del cuerpo y la posesión de bienes exteriores tales como el dinero, la tierra y las casas, lo que significa que de manera progresiva se asentó la idea de que la Constitución era un acto fundacional que tenía por objeto la protección de los derechos naturales como el límite fundamental del gobierno.

Esta evolución se advierte en las declaraciones de derechos consagrados en las Cartas Fundamentales de las Entidades Federativas expedidas durante la lucha de independencia y con anterioridad a la incorporación del catálogo de derechos en la Constitución Federal de 1787, por conducto de las reformas (enmiendas), que entraron en vigor en el año de 1791. Se mencionan como ejemplo las declaraciones de derechos contenidas en las Leyes Supremas de Virginia (29 de junio de 1776); Pennsylvania (18 de septiembre de 1776); Maryland (11 de noviembre de 1776); Carolina del Norte (18 de diciembre de 1776), Vermont (8 de julio de 1777); Massachusetts (2 de noviembre de 1780) y Nuevo Hampshire (31 de octubre de 1783, pero en vigor hasta el 2 de junio de 1784).

Estas declaraciones de derechos fundamentales sirvieron de antecedente al catálogo incorporado a la Constitución Federal, y si bien el primer Congreso norteamericano propuso inicialmente doce enmiendas, únicamente fueron aprobadas diez, que son las que entraron en vigor en 1791, al ser aprobadas por la mayoría de las legislaturas de los Estados, y que según la doctrina contienen dos docenas de derechos humanos, entre ellos las libertades de religión y de opinión; la seguridad jurídica en contra de persecuciones y detenciones arbitrarias; el derecho a asistencia legal en asuntos criminales; el derecho a la no autoincriminación y la prohibición penas crueles e inusuales.

Para el mismo constitucionalista alemán Georg Jellinek los Bills of Rights norteamericanos fueron el paradigma incluso para la formulación de la Declaración francesa de los Derechos del Hombre y del Ciudadano de 1789, pero en mi opinión personal carece de sentido la controversia que en su época se planteó entre el propio Jellinek y el jurista francés Emile Boutmy, sobre la preeminencia de tales declaraciones norteamericanas respecto de las francesas revolucionarias, ya que ambas tienen el mismo origen doctrinal, es decir, el iusnaturalismo racionalista.

Por otra parte, y como lo pone de relieve el autor, no se pueden analizar las citadas declaraciones de derechos en los orígenes constitucionales de los Estados Unidos sin vincularlas con los principios básicos del sistema de gobierno, como son la división de poderes, la soberanía y el régimen federal, ya que la relación entre dichos derechos y los citados principios fue la que permitió que se estableciera la revisión judicial, que como es bien sabido, se consolidó en la clásica sentencia dictada en 1803 por la Corte Suprema Federal de los Estados Unidos en el caso de Marbury versus Madison, con apoyo en la ponencia de su Presidente John Marshall.

El quinto y último estudio de Mena Vázquez se refiere a la legitimación activa en el control constitucional de las leyes en México y en España, en virtud de que, según el autor, este tema es de vital importancia para entender la magnitud de la defensa de los derechos humanos en un orden jurídico determinado.

Si bien un sector de la doctrina ha dividido los instrumentos procesales para la protección de los derechos humanos en indirectos, complementarios y específicos, son los terceros, comprendidos en la denominación establecida por el connotado jurista italiano Mauro Cappelletti de jurisdicción constitucional de la libertad, los que deben ser analizados en relación con el tema de la investigación del autor. Por otra parte, si bien en ese sector existen varios instrumentos para tutelar los derechos fundamentales, el estudio de Mena Vázquez se centra específicamente en el recurso de inconstitucionalidad español y la acción de inconstitucionalidad mexicana.

Para abordar esta materia es preciso analizar el concepto de legitimación activa en el proceso, de acuerdo con los principios del derecho procesal y que permite a los afectados iniciar y participar en una controversia en la cual se impugne la inconstitucionalidad de las disposiciones legislativas, y que cambia según el sistema de control constitucional que se adopte. De acuerdo con la doctrina, existen dos grandes sistemas de justicia constitucional, el difuso y el concentrado, y en cada uno de ellos varía el concepto de la legitimación activa.

En el primer sistema, es decir en el calificado como difuso, que ha predominado en el Continente Americano, cualquier juez, con independencia de su jerarquía, no sólo está facultado sino obligado a desaplicar las normas legislativas contrarias a la Carta Fundamental en los procesos concretos de que conocen, y por ello la legitimación corresponde a cualquier persona que dentro de un caso judicial concreto se considere afectada en su esfera jurídica por la aplicación de un precepto que se encuentre en contradicción con la Constitución. Por el contrario, en el sistema concentrado, que se ha denominado continental europeo, austriaco o kelseniano, se confiere en exclusiva a un organismo especializado la solución de las controversias derivadas de la aplicación de las normas fundamentales, por lo que la legitimación no corresponde directamente a los particulares afectados, sino que debe considerarse como un medio indirecto de promover la intervención del tribunal o corte constitucional, y otra posibilidad es la de otorgar la legitimación activa para impugnar disposiciones legislativas a un sector minoritario de los integrantes de los organismos parlamentarios.

La legitimación activa para plantear las cuestiones de inconstitucionalidad en España y en México difieren en varios aspectos. En el primer ordenamiento, dicha legitimación se otorga en forma directa por conducto del recurso de inconstitucionalidad a órganos del Estado respecto a los llamados conflictos de competencia y de atribución entre los dichos órganos tanto del gobierno central como de las comunidades autónomas sobre la afectación de sus respectivas facultades constitucionales, es decir, a las entidades afectadas (el Presidente de Gobierno, el Defensor del Pueblo y los órganos colegiados así como legislativos de las Comunidades Autónomas), pero también se incluye en esta impugnación a las minorías parlamentarias respecto de las leyes aprobadas por la mayoría. De manera indirecta, se atribuye legitimación a los jueces, por conducto de la llamada cuestión de inconstitucionalidad, para elevar al Tribunal Constitucional sus planteamientos sobre la constitucionalidad de las disposiciones legislativas que deben aplicar en los procesos concretos de que conocen, asuntos que deben resolver de acuerdo con la decisión obligatoria de dicho tribunal especializado cuyas declaraciones de inconstitucionalidad tiene efectos generales o erga omnes.

En el ordenamiento mexicano, la legitimación para el planteamiento de la inconstitucionalidad de las disposiciones legislativas, se ha conferido tradicionalmente, por conducto del juicio de amparo, a los particulares afectados, ya sea por conducto de una verdadera acción de inconstitucionalidad interpuesta contra las autoridades que han intervenido en el procedimiento legislativo, o de un recurso también de inconstitucionalidad, cuando un juez o tribunal aplica en perjuicio del promoverte una norma general en una sentencia definitiva, que hasta cierto punto puede aproximarse a la cuestión de inconstitucionalidad española. En ambos supuestos la sentencia firme dictada por los tribunales federales de amparo sólo tiene efectos particulares y exclusivamente para las partes que han intervenido en el juicio de amparo.

El autor se concentra esencialmente en la legitimación activa en las impugnaciones de normas generales por parte de un sector minoritario de los integrantes de las Cámaras legislativas, que en el régimen español fue introducido en la Constitución de 1978 y como se ha señalado anteriormente, su decisión se atribuye al Tribunal Constitucional, en tanto que en nuestro país, esta acción de inconstitucionalidad se introdujo recientemente, es decir, en la reforma de 1994 y 1996 a la fracción II del artículo 105 de la Carta Federal. Por lo que respecta a esta acción de inconstitucionalidad de carácter abstracto, existen similitudes y diferencias por lo que respecta a la legitimación activa tanto en España como en el ordenamiento mexicano.

En el régimen español, poseen legitimación activa para interponer dicha acción abstracta (pero como se ha dicho, con el nombre de recurso constitucional), 50 diputados o 50 senadores (artículo 162 constitucional). De manera diferente, en el artículo 105, fracción II, de la Constitución Federal mexicana, pueden interponer dicha acción directamente ante la Suprema Corte de Justicia, el 33% de los integrantes de las Cámaras legislativas en sus diferentes niveles (federal y local, incluyendo el Distrito Federal), pero también puede promover dicha instancia el Procurador General de la República y las directivas de los partidos políticos cuando se trate de la inconstitucionalidad de leyes electorales. La Suprema Corte sólo podrá declarar la nulidad con efectos generales de las normas generales impugnadas con el voto favorable de ocho de sus miembros (sobre once que integran el Tribunal en Pleno), mayoría calificada que no se exige en el ordenamiento español.

El autor hace notar, también, que en España se otorga legitimación activa de manera directa al Defensor del Pueblo (Ombudsman), para impugnar las disposiciones legislativas inconstitucionales, esta legitimación no se confiere a la Comisión Nacional de los Derechos Humanos, que es el equivalente de la institución tutelar española, lo que en concepto de Mena Vázquez restringe la protección de los derechos fundamentales en nuestro país.

Del breve examen que hemos realizado del conjunto de estudios elaborados por el joven jurista mexicano Jorge Mena Vázquez, sobre diversos temas, pero todos ellos relacionados con los derechos humanos, podemos concluir de que se trata de una obra que puede servir de muy útil consulta para los interesados en el estudio tanto teórico como práctico de los derechos fundamentales, y particularmente respecto de su desarrollo en el derecho mexicano, si se toma en cuenta la calidad académica con la cual se abordan las distintas cuestiones analizadas por el autor, su claridad de exposición y las aportaciones que realiza en esta materia de tanta actualidad e importancia.

Ciudad Universitaria, de México, agosto de 2005.
Héctor Fix-Zamudio.

Jorge Mena Vázquez

Nota a la edición Paperback

La primera edición de este documento se preparó para su publicación en 2005, sin embargo, nunca llegó a imprimirse, esta versión se publica en paperback casi 15 años después con actualizaciones en especial de la parte normativa.

El presente conjunto de ensayos corresponde a los trabajos realizados en los dos primeros años del doctorado en derechos humanos realizado gracias al convenio entre la Comisión Nacional de los Derechos Humanos de México y la Universidad Nacional de Educación a Distancia de España, cada uno de ellos representa una reflexión sobre algún tema específico relacionado con los derechos humanos.

Todos los ensayos tienen una metodología similar de trabajo, en la introducción se exponen la justificación, el marco teórico, la hipótesis de trabajo, los objetivos, las preguntas de investigación, así como un breve resumen de los temas tratados en los diversos rubros del contenido, seguidos por el desarrollo, las conclusiones y la bibliografía consultada.

Se intenta en cada trabajo resolver alguna cuestión controvertida en el campo de los derechos humanos, el contenido de los cinco ensayos es el siguiente:

En el primero se analiza el papel de los principios y de las reglas en el marco de los derechos humanos y se estudia la denominada "superación del positivismo".

En el segundo se reflexiona sobre la falta de precisión conceptual en el uso técnico del término "derecho subjetivo".

En el tercero se habla sobre la necesidad de lograr un equilibrio adecuado entre los derechos humanos y la democracia, mediante el estudio de la legitimidad de los tribunales constitucionales.

El cuarto es un ensayo introductorio sobre el nacimiento de los derechos humanos en los Bills of Rights norteamericanos.

El quinto y último es una reflexión comparada entre la legitimación activa en el control constitucional de leyes. Casos de México y España.

Agradezco la cuidadosa edición del señor Eugenio Hurtado Márquez.

Jorge Mena Vázquez
Coyoacán, diciembre de 2019

1. Superación del iuspositivismo: los derechos humanos, entre las reglas y los principios

Introducción

En este trabajo se analizará la relación entre los derechos humanos y su forma de incluirlos en un orden jurídico determinado, lo cual desde nuestro punto de vista depende de la concepción filosófica que se adopte. Sin embargo, es necesario señalar que no es materia de este documento entrar a la distinción conceptual entre derechos fundamentales y derechos humanos, entre otras de sus denominaciones.

Esta investigación es necesaria para entender el grado de obligatoriedad de los derechos humanos, lo cual en definitiva depende de la concepción filosófica del operador del derecho.

Por otro lado, se dice que el positivismo ha sido superado, incluso que ha muerto, pero esto qué significa, qué alcances tiene y qué paradigmas se han roto. Uno de esos paradigmas es la relación entre el derecho y la moral, y su punto más álgido se da en los derechos humanos.

Entre los grandes problemas de la dogmática es que presupone que la aplicación del derecho está desligada de la teoría iusfilosófica que la determina, Hans-Georg Gadamer señala "también nosotros habíamos llegado al convencimiento de que la aplicación no es parte última y eventual del fenómeno de la comprensión, sino que determina a éste desde el principio y en su conjunto" (Gadamer 1996, 396).

Muchos son los autores que han abordado este tema Robert Alexy, Manuel Atienza, Rex Martin, Ronald Dworkin, Eugenio Bulygin, Juan José Moreso,

Ricardo Guastini, entre otros. Sin olvidar lo que sostienen los clásicos como Hans Kelsen, Norberto Bobbio, Jeremías Bentham, Karl Loewenstein, etcétera.

Por razones de espacio sólo nos concretaremos a citar a aquellos autores más representativos de esas corrientes, sin que esto implique desconocer las diferencias que existen entre ellos.

El objetivo del presente trabajo es comprender la estructura normativa de aquello que llamamos derechos humanos en un orden jurídico determinado.

La pregunta principal que guiará la presente investigación es la siguiente ¿es posible encuadrar como principios o reglas a los derechos humanos en el orden jurídico?, otras preguntas derivadas de ésta son, en caso de que sean principios ¿son obligatorios?, ¿qué tipo de obligatoriedad? y ¿a qué tipo de concepción iusfilosófica respondemos cuando hablamos de derechos humanos?

La respuesta tentativa a este problema parece ser la superación del paradigma iuspositivista, pero sin embargo no ha logrado articular una teoría sólida, sistemática y coherente, así han surgido corrientes denominadas neopositivismo, neoconstitucionalismo, entre otras, las cuales más que proponer una nueva teoría se dedican a criticar las ya existentes, lo cual concuerda con la posición de Kuhn:

La pérdida de un sólido punto de partida se pone de manifiesto en el recurso a la discusión filosófica sobre los fundamentos y metodología. Éstos son los síntomas de la crisis, que deja de existir cuando el crisol representado por aquel periodo desenfrenado de búsqueda que es la ciencia extraordinaria logra surgir un paradigma sobre el cual volverá a articularse la ciencia normal, la cual a su vez y después de un periodo de tiempo que quizás resulte bastante largo, llevará a nuevas anomalías, y así sucesivamente (Reale, y Antiseri 2002, 908).

Estos son momentos para acudir a la filosofía y a la metodología y cuestionarnos sobre los fundamentos mismos de la ciencia jurídica, eso es lo que intentaremos en el presente escrito.

El marco teórico de estas reflexiones lo constituirá los trabajos del jurista Hans Kelsen, específicamente en los que se refiere a los principios y a su falta de obligatoriedad, por otro lado, analizaremos el pensamiento de Robert Alexy para encuadrar una concepción de las reglas y los principios que permita entender la forma en que son incluidos los derechos humanos en el orden jurídico.

En el rubro primero se plantearán las generalidades del problema, esto es, se describirán las distintas posiciones iusfilosóficas y su relación con los derechos.

En la segunda parte se analizará la obligatoriedad de los derechos humanos en un orden jurídico.

Por último, se señalarán algunas conclusiones y la bibliografía consultada.

1.1 Posturas filosóficas y derechos humanos

1.1.1 Iuspositivismo e iusnaturalismo

Robert Alexy, en su obra El concepto y la validez del derecho, señala "El problema central de la polémica acerca del concepto de derecho es la relación entre derecho y moral" (Alexy 1994, 13), las respuestas principales derivan de los positivistas que sostienen la tesis de la separación y de los no positivistas con la tesis de la vinculación entre derecho y moral (Alexy, 1994:14).

En el fondo de dicha discusión se encuentra la pregunta ¿qué consideramos como derecho? o de otra manera ¿cómo puedo verificar si algo es o no derecho?, ya en Aristóteles encontramos esta interesante observación al respecto:

Las cosas son justas por naturaleza o por el derecho. Pero nosotros no debemos considerar a la naturaleza como algo que no tiene posibilidad alguna de cambios (Aristóteles 1995, 1890).

Hans-Georg Gadamer afirma que de este pasaje se deriva el hecho de que Aristóteles "no reconoce en el derecho positivo el derecho verdadero en sí mismo, sino que, al menos en la llamada ponderación de la equidad, ve una tarea complementaria al derecho" (Gadamer 1999, 390).

Esta discusión histórica entre equidad, justicia y derecho se ha intensificado a partir del nacimiento del positivismo en general y, en especial, del jurídico, un libro en el cual se resumen las teorías del positivismo jurídico es el de Norberto Bobbio, quien señala que éste tiene tres aspectos: "a) como método para el estudio del derecho; b) como teoría del derecho [, y c)] como ideología del derecho" (Bobbio 1993, 238).

De las cuales concluye lo siguiente:

de los tres aspectos que pueden diferenciarse en el positivismo jurídico, estoy dispuesto a aceptar totalmente el método; por lo que respecta a la teoría, aceptaría el positivismo jurídico en sentido amplio y rechazaría el positivismo en sentido estricto; por lo que respecta a la ideología, aun siendo contrario a la versión fuerte del positivismo ético, soy favorable, en tiempos normales, a su versión débil, es decir, al positivismo moderado (Cf. Bobbio 1993, 241)

En el caso del positivismo metodológico lo acepta ya que Bobbio hace una analogía con el método científico el cual es "avalorativo"; sin embargo, en este punto es necesario hacer una observación ya que tendríamos que reflexionar a qué tipo de ciencia se está refiriendo Bobbio; en principio tendríamos que decir que existen nuevos paradigmas en los cuales no es posible concebir el método científico para estudiar un fenómeno, por ejemplo, el conocimiento a priori al que Kant se refiere, esto es, aquél que podemos conocer independientemente de cualquier experiencia, otro ejemplo interesante sería la investigación realizada en la física cuántica.

Habría que tener reservas en cuanto a la aplicación del método científico al derecho, especialmente por tratarse de una ciencia de la razón práctica.

Respecto de las demás observaciones de Bobbio a la aceptación del positivismo moderado, podríamos señalar que el gran dilema está directamente relacionado con la aceptación de que en algunas ocasiones el derecho reconoce positivamente algunas normas de la moral, podría ser el caso cuando estamos ante un caso difícil.

1.2 Antecedentes iusfilosóficos de los derechos humanos, las declaraciones de derechos

Si bien esta discusión entre positivistas y no positivistas ha perdurado en el tiempo, en los derechos humanos se acentúa en el momento de su positivación derivada de la tradición iusnaturalista racional, específicamente en la positivación de los derechos derivada de la revolución francesa y de la independencia norteamericana. La pregunta que se hace Georg Jellinek es interesante:

¿Por qué la doctrina de los derechos originarios del hombre y del contrato social, que ya germinaba en la antigüedad entre los sofistas que se ha desenvuelto en las teorías del derecho natural en la Edad media, habiendo llegado hasta nosotros en la corriente de la Reforma, ha alcanzado una importancia tan considerable, primero en Inglaterra y luego en sus colonias? (Jellinek 2000, 137)

Los derechos nacen como "límite que no debe traspasar [el Estado]" (Jellinek 2000, 139), esta observación incluye al legislador.

Como sabemos, el gran salto fue, a partir de las Declaraciones de los derechos, fue incorporar en el derecho positivo la noción, hasta entonces conocida en el Derecho Natural, de los derechos subjetivos, del miembro del Estado frente al Estado (Jellinek 2000, 82)

Otro de los grandes avances del iusnaturalismo racionalista es que permitió cuestionar la legitimidad del Estado absoluto y el ejercicio del poder, el cual debe ser "la consecuencia de la participación de todos los sujetos" (Segura Ortega 2001, 226-227), el reconocimiento de los derechos tiene origen inmediato en esta corriente de pensamiento.

No podemos dejar de señalar, siguiendo a Pérez Luño, la gran importancia del pensamiento de Kant en la historia de los derechos humanos en los siguientes términos:

La reflexión kantiana sobre las libertades, plenamente instalada en esa doble inquietud ilustrada que combina la seguridad y la audacia, supone la atalaya privilegiada para captar esa doble significación de los derechos humanos. Así su concepción del Estado de Derecho y de las garantías penales expresarán sus inquietudes sobre la primera, mientras que perfilarán la segunda, su entronque de las libertades en la idea de justicia y su reivindicación de la universalidad como rasgo informador de los derechos (Pérez Luño 2001, 458).

Igualmente, podemos señalar que otra de las grandes aportaciones de Kant fue el concepto de universalización de los derechos humanos, como "la categoría de unos derechos del género humano, para evitar cualquier tipo de limitación o fragmentación en su titularidad" (Pérez Luño 2001,482).

La positivación de los derechos hubiera sido imposible sin las aportaciones de Kant antes señaladas.

No obstante, el que quedaran consagrados los derechos en las Constituciones en realidad no contribuyó mucho a su real eficacia, aun cuando algunos países como Estados Unidos tienen el denominado Judicial Review desde 1803 a partir de la resolución del conocido caso Marbury vs. Madison.

Sin embargo, aun así, autores como Joseph Raz señalan:

Lejos de sugerir que ambos tipos de protección [el inglés y el norteamericano] de los derechos fundamentales logran los mismos resultados, mi única intención es señalar que a menudo la diferencia entre ellos resulta exagerada, especialmente por aquellos que ignoran el grado en que la Suprema Corte de los EE. UU. cede ante las tendencias legislativas del momento. En la práctica, la diferencia entre el control judicial de los tribunales de EE. UU. hace 100 años y la de los actuales puede muy bien ser mayor que la diferencia entre estos últimos y los tribunales británicos. (Raz 2001, 409)

La gran pregunta sobre la obligatoriedad de esas fórmulas llamadas derechos también depende de lo entendamos por derecho, norma y sistema normativo.

Contestar qué es o no derecho nos lleva a plantear respuestas muy diversas, por ello iniciaremos el análisis específico sobre la pertenencia de los derechos humanos al orden jurídico, así como su obligatoriedad, a primera vista podría resultar evidente dar una respuesta positiva, veremos que no lo es.

Para este análisis nos apoyaremos en observar también la eficacia de las normas jurídicas de alguna manera el saber si algo es obligatorio o no, se puede verificar a través de la actuación de una comunidad, esto es, si los ciudadanos internamente consideran esas normas obligatorias y si no son letra muerta, ley que ha tenido vigencia pero que no ha sido efectiva en solucionar los problemas sociales para los cuales fue expedida, en el caso de los derechos humanos esto es indispensable debido a su importancia y jerarquía en el orden jurídico, ya que se encuentran específicamente en la cúspide de la cadena normativa, o sea, en la Constitución.

La pregunta que se deriva del párrafo anterior es la siguiente: ¿es la Constitución realmente obligatoria?, se podría contestar unánimemente que sí, sin embargo, esto se analizará en el siguiente rubro.

1.3 Obligatoriedad de los derechos humanos en un orden normativo

Uno de los más importantes problemas respecto de los derechos humanos es si éstos son obligatorios realmente en un orden jurídico o no. Las preguntas son: ¿cómo algunas fórmulas tan vagas pueden ser obligatorias?, ¿los principios son obligatorios?, ¿en qué medida son obligatorios?, ¿a quién obligan?, ¿de qué manera obligan?

Iniciaremos con la posición de Kelsen respecto de la obligatoriedad de los principios.

1.3.1 Kelsen y los principios

Existen varias referencias precisas de Kelsen al tema de la obligatoriedad de los principios al orden jurídico, la primera de ellas señala:

Si quiere [la Constitución] establecer principios relativos al contenido de las leyes, deberá formularlos de una manera tan precisa como sea posible (Kelsen 2001, 82)

De ahí quizás algunos autores sacaron la denominación de Constitución de detalle para decir que era necesario detallar los principios constitucionales con el fin de que pudieran ser obligatorios. Resumiendo esta posición, Víctor Ferreres señala que la Constitución de detalle "es la que impide a los jueces utilizar las cláusulas más abstractas de la Constitución como parámetro de validez de las leyes" (Ferreres 2000, 272) de ello hablaremos más a detalle en los siguientes párrafos.

Por otra parte, según Kelsen los principios establecidos de manera general no podrían ser obligatorios, ya que señala:

Se afirma, en ocasiones, que existen por encima de la Constitución de todo Estado ciertas reglas de derecho natural que deberían de ser respetadas, también, por las autoridades estatales encargadas de la aplicación del derecho. Se trata de principios... Pero si se trata de principios que no han sido traducidos en normas de derecho positivo, sino que debieran serlo sólo porque son justos... entonces se trata de postulados que no son jurídicamente obligatorios (Kelsen 2001, 78)

En esta cita Kelsen manifiesta que los principios no contenidos en la Constitución quedan fuera del derecho, sin embargo, no resalta un problema práctico de importancia vital: el hecho de que no toda redacción en el derecho positivo puede ser obligatoria, postulados generales que no son jurídicamente obligatorios, esto es, se trata de principios generales dentro de la Constitución.

Este punto es de gran importancia para el pensamiento filosófico y los derechos humanos ya que si queremos su eficacia debemos estar atentos a su obligatoriedad.

No obstante lo anterior, la pregunta que nos hace reflexionar es en qué momento una disposición es obligatoria.

1.3.2 La Constitución de detalle

La consecuencia de la posición teórica de Kelsen es que todo lo que esté señalado por el legislador en la Constitución sea manejado a detalle como ya se dijo anteriormente. Dicha idea nos plantea problemas de fondo, entre ellos, el problema intergeneracional como dijera Jefferson "la tierra pertenece a los vivos, no a los muertos" (citado por Ferreres 2000, 283), una Constitución más detallada obliga a un mayor número de reformas, mientras que una Constitución más general permite un marco de referencia en el que entran más puntos de vista.

Acertadamente Víctor Ferreres en este punto cita a Popper cuando señala "en efecto, cuando más precisa es una teoría, más dice acerca del mundo empírico. Cuanto más precisa es una teoría, más ocasiones tendrá de ser refutada por la experiencia, pues más eventos excluye como 'prohibidos'" (Ferreres 2000, 285).

1.3.3 La especificidad y los derechos

Hablando de los derechos, Kelsen presupone que éstos se encuentran regulados siempre de manera específica ya que señala:

el límite entre estas disposiciones [generales] y las disposiciones tradicionales sobre el contenido de las leyes se encuentra en las declaraciones de derechos individuales, se borrará fácilmente, y no es, por tanto, imposible que un tribunal constitucional, llamado a decir sobre la constitucionalidad de una ley, la anule en razón de que es injusta, siendo la justicia un principio constitucional que él debe, en consecuencia, aplicar. Pero el poder del tribunal sería tal que devendría en insoportable (Kelsen 2001, 80-81).

El hecho de que la disposición no tenga los suficientes elementos para impedir una discrecional decisión parece ser para Kelsen su mayor preocupación, según este autor es lograr concretar el principio de seguridad jurídica, que lo señalado en la Constitución esté de tal manera claro que no exista duda sobre qué es lo que se debe entender por tal o cual valor.

En el caso de los derechos, la realidad es que en la mayoría de las constituciones del mundo se encuentran regulados en fórmulas vagas e imprecisas tal y como señala el profesor Robert Alexy en su libro Teoría de los derechos fundamentales, citando a Bachof señala:

En general, es verdad que el catálogo de derechos fundamentales, conjuntamente con las demás regulaciones de la Constitución sobre todo las disposiciones que se refieren a los fines y estructura del Estado- constituyen, en el sistema jurídico de la República Federal Alemana, la "obra de regulación con la menor densidad regulativa" (Alexy 1993, 22).

Esta afirmación puede ser aplicada en general a la mayoría de los ordenamientos jurídicos, de hecho, una de las grandes características de los derechos es su vaguedad.

En otro texto, Kelsen señala:

"Si existe una diferencia entre "principio" y "norma", el principio no puede ser una norma" (Kelsen 1994, 124)

Este conjunto de reflexiones tienen que ver con la superación del esquema de garantía jurisdiccional de la constitución kelseniano, según dicho avance, siguiendo a Garzón Valdés, consiste en la concepción de una especie de "coto vedado", esto es, un cúmulo de derechos que no pueden ser anulados, la reforma constitucional a estos derechos es todavía más rígida que la reforma constitucional normal.

Sin embargo, de qué sirve tener un coto vedado realizado por una serie de fórmulas ambiguas y sin fuerza normativa que no permitiría forzar a las autoridades A acatar su cumplimiento.

Por el contrario, para Prieto Sanchís, "no hay implicación necesaria entre la justicia constitucional y la existencia o no de discreción" (Prieto Sanchís 2000, 306)

1.4   Críticas a la visión obligatoria de los derechos

Uno de los grandes argumentos sobre la incongruencia de la obligatoriedad de los derechos sería el problema de los límites de los derechos, la pregunta que surge es la siguiente: ¿son ilimitados los derechos?, el Tribunal Constitucional español ha señalado:

No existen derechos ilimitados. Todo derecho tiene límites que... en relación a los derechos fundamentales, establece la Constitución por sí misma en algunas ocasiones, mientras en otras el límite deriva de una manera mediata o indirecta de tal norma, en cuanto ha de justificarse por la necesidad de proteger o preservar no sólo otros derechos constitucionales, sino también de otros bienes constitucionales protegidos (Prieto Sanchís, 2002:137).

Según Prieto Sanchís la delimitación de los derechos en la Constitución supone "tan sólo que aparecen ya delimitados en el texto constitucional y, dentro de ese círculo delimitado, no cabe ninguna restricción" (Prieto Sanchís 2002, 138).

Este punto de la obligatoriedad tiene que ver directamente con la discreción judicial que, siguiendo a Prieto Sanchís, "si bien no es intrínseca a todo positivismo, sí ha sido sostenida en sus versiones más maduras, como las representadas por Kelsen, Hart o Ross" (Prieto Sanchís 2000, 306).

Otro argumento interesante en contra es el hecho de que en algunas colisiones los derechos son contradictorios y el operador del derecho tiene que elegir entre uno u otro, no puede, lógicamente, elegir cumplir los dos al mismo tiempo, la operación que aplicamos al decidir sobre los derechos no es la subsunción sino la ponderación (Alexy 1993), lo cual será analizado más adelante.

Otro punto en la discusión es saber si la Constitución es obligatoria en términos jurídicos, para lo cual Kelsen propone que siempre haya una garantía jurisdiccional de la Constitución, y se hace la siguiente pregunta: "¿para qué tantas preocupaciones si las normas de la Constitución, bien que prácticamente inmodificables, se encuentran, en realidad, casi desprovistas de fuerza obligatoria?" (Kelsen 1994, 96), ¿cuál es entonces el fin de la división entre poderes constituyentes y poderes constituidos?, entre otros problemas teóricos y prácticos que se desenvuelven a partir de estas ideas.

El problema de la obligatoriedad de los derechos logra entonces un lugar importante en la lucha de las ideas políticas y jurídicas, las preguntas que nos surgen son ¿qué es lo que no ha podido hacer la teoría iuspositivista para hacer reales los derechos?, ¿qué impide conceptualmente esta vinculación y obligatoriedad de los derechos?

En las siguientes páginas observaremos como algunos juristas han intentado resolver este problema, en especial se utilizará la teoría de Robert Alexy.

1.5   Alexy y su distinción entre principios y reglas

En su libro Teoría de los Derechos Fundamentales, Alexy presenta un interesante punto de vista sobre la obligatoriedad de los derechos humanos en un sistema jurídico determinado, en su caso, el de la República Federal de Alemania.

En los primeros párrafos de su obra Alexy señala que el problema deriva de la "interpretación de formulaciones del derecho positivo dotadas de autoridad" (Alexy 1993, 21).

El problema al que se enfrenta inmediatamente Alexy es la vaguedad en del catálogo de derechos humanos, señala que dicha vaguedad se da en todos los niveles, la dogmática, la legislación y la jurisprudencia (Cf. Alexy 1993, 21-25). De alguna manera este problema de la vaguedad es similar al problema de la discreción judicial, hasta dónde y cómo puede el juez interpretar esas formulaciones dotadas de autoridad.

Alexy a lo largo de su obra intenta darle objetividad a la argumentación iusfundamental, esto es, sabe que hay discrecionalidad, pero la compensa con un esquema de argumentación y reglas para establecer la racionalidad del discurso judicial y el diálogo con el Poder Legislativo, al respecto señala:

La inseguridad del resultado del discurso iusfundamental conduce a la necesidad de una decisión iusfundamental dotada de autoridad. Si la mayoría parlamentaria no ha de controlarse, lo que significaría ser juez en causa propia, queda sólo la posibilidad de un Tribunal Constitucional, cualquiera que sea su forma (Alexy 1993, 553).

Las bases de esta conclusión se encuentran en la distinción entre reglas y principios que realiza el propio Alexy, la importancia se deriva ya que "ella constituye la base de la fundamentación y es una clave para fundamentarles" (Alexy 1993, 81).

La principal distinción entre principios y reglas que hace Alexy es respecto del tipo de razones que sustentan a cada una, habla de razones definitivas en las reglas y razones prima facie cuando habla de principios (Alexy 1993, 102).

Alexy menciona que el modelo puro de reglas tiende a fracasar, ya que es insuficiente para otros tipos de formación que se encuentran en la Ley Fundamental, lo contrario a Kelsen ya que éste señala que los principios no son parte del orden jurídico (ver supra). Sin embargo, también menciona que el modelo puro de principios también se rechaza "porque no toma en serio las regulaciones adoptadas en la Ley Fundamental" (Alexy 1993, 130)

Igualmente, Alexy hace una distinción que no realiza Kelsen, la distinción entre principios y valores que si bien están estrechamente relacionados ya que "el cumplimiento gradual de los principios tiene su equivalente en la realización gradual de los valores" (Alexy 1993, 138), la diferencia esencial radica en que "en el modelo de los valores es prima facie lo mejor es, en el modelo de los principios, prima facie lo debido" (Alexy 1993, 147).

La obligatoriedad de los derechos también está relacionada con sus restricciones, sólo normas constitucionales pueden restringir derechos y éstas se encuentran en las reservas legales iusfundamentales, los cuales a su vez también pueden ser principios (Cf. Alexy 1993, 273), sin embargo, es necesario aclarar que la formulación de estas normas debe ser clara y precisa ya que de otro modo tendríamos que realizar la ponderación y no una simple subsunción de la norma.

1.6 Reflexiones personales

Es evidente que mientras más concretas sean las disposiciones (sean de derechos humanos o no) será más fácil observar su obligatoriedad, nadie duda que la regla "está prohibida la esclavitud" es concluyente y no habría duda, en principio, sobre su estatus deóntico.

Sin embargo, el problema se va incrementando cuando en la mayoría de las Constituciones estas fórmulas están redactadas de forma vaga, algunas incluso fueron redactadas bajo la influencia del iusnaturalismo racional.

El problema aumenta si vemos a la Constitución como un elemento político y no jurídico del orden normativo, como una guía, pero no obligatoria, es el caso de Francia.

Sin embargo, una constitución de detalle presenta sus problemas, la constante necesidad de su reforma y adecuación a las nuevas circunstancias, el proceso de reforma que regularmente suele ser más rígido que para la reforma de las leyes ordinarias, la imposibilidad material de que siempre el derecho llegue a normar todas las situaciones importantes o casos difíciles, lo cual si bien fue una de los principios del iusnaturalismo racionalista (la razón lo puede todo), en la práctica se ha visto que es imposible.

La otra opción más realista es tomando en cuenta que tenemos las formulaciones vagas y decidir un modelo institucional que permita mediar y formular un diálogo institucional para encontrar lo que el derecho es, por lo menos en aquellos casos frontera o casos difíciles o paradigmáticos.

La pregunta que salta es ¿a qué obliga si es vaga?, la respuesta no es fácil, pero puede ir enfocada a la obligación de ponderar como señala Alexy, a dar una fundamentación iusfundamental, tal vez no exista para el intérprete del derecho otra opción, no siempre estará el paternalismo del legislador diciendo cómo debe ser o no el mundo.

El hecho de que exijamos razones que nos permitan hacer más objetivo el derecho es encontrar un camino entre las tesis subjetivas y objetivas del conocimiento, como lo señalaría el profesor Alexy encontrar un nuevo camino en la "sobjectivity", un punto intermedio entre la concepción del sujeto y la realidad.

Esto es una comprensión de que ya tenemos esas fórmulas vagas, pero necesitamos un camino racional para interpretarlas y llegar a un consenso en la sociedad.

De hecho, cuando existe una disposición de detalle, es más seguro que ahí exista un consenso más amplio y mientras sea más vaga, el consenso no se presupone de la misma manera, sino que, en principio, es una señal de que aún la sociedad no ha encontrado un camino claro o específico en ese punto.

Sin embargo, en nuestras sociedades cada vez más plurales se nos demanda sólo una cosa ante los conflictos: ponernos de acuerdo, y en muchas ocasiones si esto no lo hace el legislador (no hace normas concretas), entonces al estallar los problemas e ir ante un Juez para resolverlos, éste no puede dejar de resolver, tiene que hacerlo y hacerlo conforme a derecho y dependiendo de la materia será la regla de clausura que aplique.

1.7 Conclusiones

Primera. Los derechos tienen su nacimiento en una concepción iusnaturalista racional que permitió incluir en el derecho positivo la noción de derecho subjetivo, que faculta al miembro del Estado para oponerlo ante éste.

Segunda. La noción de derechos humanos en el iusnaturalismo racional implica la idea de que estos derechos deben limitar incluso al legislador, es por ello que deben ser establecidos en el texto constitucional.

Tercera. Kelsen consideraba que era necesario que los principios se expresaran en un lenguaje concreto para que fueran obligatorios, de lo contrario, dichas fórmulas no serían parte del orden jurídico, en caso contrario serían fórmulas extrajurídicas o ideologías que cada quien podría interpretar a su gusto.

Cuarta. La teoría de Alexy de los derechos fundamentales permite hacer una combinación y articulación entre una teoría de los principios y una de las reglas, facilitando así realizar operaciones de subsunción de reglas como de optimización de principios según sea el caso.

Quinta. Cuando Alexy habla de ponderación de principios en el fondo intenta articular una teoría de la argumentación racional que impida una total discreción judicial, cuestión que preocupa a los teóricos del derecho.

Sexta. No existe otro camino que el diseño institucional que permita discutir la fundamentación iusfundamental, en otras palabras, ya tenemos una realidad, la vaguedad de los derechos en nuestras constituciones, cómo hacemos para que esta realidad funcione y no sea letra muerta como sucede en los países latinoamericanos.

1.8 Bibliografía

Alexy, Robert (1993), Teoría de los derechos fundamentales, Madrid: Centro de Estudios Constitucionales.

------ (1994) El concepto y la validez del derecho, Trad. Jorge M. Seña, Barcelona: Gedisa.

Aristóteles (1995), "Magna Moralia", trad. St. G. Stock, en Jonathan Barnes (ed.) The Complete Works of Aristotle, Princeton: Princeton University Press.

Bobbio, Norberto (1993), El positivismo jurídico, trad. Rafael de Asís y Andrea Greppi, Madrid: Debate.

Ferreres, Víctor (2000), "Justicia constitucional y democracia," en Miguel Carbonell (ed.) Teoría de la Constitución, ensayos escogidos, México: Porrúa.

Gadamer, Hans Georg (1996), Verdad y método, trad. Ana Agud Aparicio y Rafael de Agapito, Salamanca: Sígueme.

Jellinek, Georg (2000), La Declaración de los Derechos del Hombre y del Ciudadano, trad. Adolfo Posada, México: UNAM.

Kelsen, Hans (1994), Teoría General de las Normas, trad. Hugo Carlos Delory Jacobs, México: Trillas.

------ (2001), La garantía jurisdiccional de la Constitución, trad. Rolando Tamayo y Salmorán, México: UNAM.

Segura Ortega, Manuel (2001), "El iusnaturalismo racionalista: Thomasius y Wolff," en El contexto social y cultural de los derechos. Los rasgos generales de evolución. Historia de los derechos fundamentales, Madrid: Dykinson, S. A., vol. I.

Pérez Luño, Antonio Enrique (2001), "El papel de Kant en la formación histórica de los derechos humanos", en La Filosofía de los Derechos Humanos, Historia de los derechos fundamentales, Madrid: Dykinson, S. A, vol. II.

Reale, Giovanni y Antiseri, Darío, (2002), "El positivismo", trad. Juan Andrés Iglesias, en Historia del Pensamiento Filosófico y Científico. Barcelona: Herder.

Sanchís, Luis Prieto (2000), "Tribunal Constitucional y Positivismo Jurídico," en Miguel Carbonell (ed.) Teoría de la Constitución, ensayos escogidos. México: Porrúa.

------ (2002) "La limitación de los derechos fundamentales y la norma de clausura del sistema de libertades," en Miguel Carbonell (ed.) Teoría constitucional y derechos fundamentales, México: Comisión Nacional de los Derechos Humanos.

2 La noción de derecho subjetivo y los derechos humanos

Introducción

El concepto de derecho subjetivo ha sido central en la evolución de la teoría del derecho, su reflejo en la teoría de los derechos humanos es de vital importancia, ya que la eficacia de la defensa de estos derechos depende directamente de cómo la autoridad amplíe o restrinja la esfera jurídica del gobernado, así como de la protección procesal de sus pretensiones o intereses jurídicos, aun con los límites propios de un sistema jurídico como pueden ser la incapacidad del Estado de proveer inmediatamente algunos derechos, la imposibilidad de decidir sobre todos los conflictos, entre muchos otros.

Es importante antes de iniciar el estudio establecer en qué nivel de generalidad del lenguaje se encuentra el concepto "derecho subjetivo", siguiendo a Genaro Carrió podemos señalar que el nivel más general en el lenguaje jurídico es cuando señalamos que las acciones u omisiones están jurídicamente prohibidas, obligatorias o permitidas las cuales son predicados deónticos más generales o del más alto nivel, y las denomina grupo "A". También menciona que los conceptos que utiliza la ciencia dogmática del derecho como "hipoteca", "obligación solidaria", "avalista", entre otros, son de un tipo de grupo "C" muy específicas, sin embargo, existen conceptos que se encuentran en medio de estos dos y forman un grupo "B" como el de "derecho subjetivo", "deber jurídico", "responsabilidad" o "sanción" los cuales son analizados y estudiados por los teóricos generales del derecho (Carrió 2001, 8-9).

El propio Hohfeld para su estudio de los conceptos fundamentales elige el problema de la correlación entre el "derecho subjetivo" y el concepto de "deber jurídico". Lo anterior, se desprende de la mayoría de las definiciones dogmáticas de derecho subjetivo que contemplan dicha relación, por ejemplo, Eduardo García Máynez lo define como

"la posibilidad de hacer o de omitir lícitamente algo, atribuida a una persona o a su representante como consecuencia de un hecho jurídico, y correlativa del deber, impuesto a otra u otras, de observar la conducta que hace posible el ejercicio del derecho y permite el goce de las ventajas que del cumplimiento de tal deber derivan para el titular" (García Máynez 1996, 356).

No obstante, estas definiciones tradicionales no otorgan precisión semántica acerca de los derechos ni muestran los diversos usos que puede tener el concepto derechos. Ésta será una de las tareas a realizar en el presente trabajo.

Estas categorías conceptuales nos llevan a cuestionarnos hasta qué punto somos libres de un acceso directo (Habermas 2002, 10 y ss.) a la realidad que vamos a analizar, esto es, al fenómeno a estudiar, en cierto sentido, la condicionan, en nuestro caso, al contrario de los derechos humanos, el término derecho subjetivo es utilizado de una manera técnica (Peces-Barba 1999, 27), es lo que dota de interés jurídico a una persona determinada para presentarse ante un tribunal con la pretensión de que se respete ese "derecho subjetivo", este paradigma, iniciado en gran medida por Hans Kelsen, ha sido puesto en cuestión cuando hablamos de derechos humanos como una pretensión de corrección al sistema jurídico, o cuando hablamos de los derechos humanos de segunda o tercera generación.

Sólo en este contexto se puede entender el problema a tratar en este trabajo de investigación, existe una disociación entre el uso común del término "derechos humanos" y el uso técnico de "derechos subjetivos", los cuales no tienen para un sistema jurídico la misma relevancia, esto impide lograr la meta de ambos: la protección de la dignidad humana.

Mi hipótesis en el presente trabajo es que existe una falta de armonía en la dogmática entre el concepto de derechos subjetivos y el de derechos humanos, lo cual impide utilizarlos de manera apropiada para una protección eficaz de los derechos.

Me propuse como objetivo principal profundizar en la noción de derecho subjetivo y en su relación con los derechos humanos. Es necesario, siguiendo a Ma. del Carmen Barranco Avilés, que hay que pasar del debate terminológico al debate conceptual (Barranco 1996, XIII Y XIV).

La técnica de investigación que se desarrollará es la documental.

El trabajo está dividido en cuatro rubros, el primero trata de los derechos humanos, el segundo del concepto de derecho subjetivo, el tercero de la relación entre ellos y el cuarto aborda las posibles soluciones para mejorar la protección de los derechos humanos de segunda y tercera generación.

Es necesario también tener en cuenta que los límites del presente documento son muchos, las fuentes consultadas fueron relativamente pocas, tomando en cuenta la literatura que existe sobre el tema y el tiempo para digerirlas no fue el más apto. Sin embargo, no deja de ser un esfuerzo de "cognitive reflexicity" (Alexy 2001, 3) en el sentido de conocer cómo hacemos lo que hacemos, en nuestro caso, cómo usamos los conceptos de derecho subjetivo y de derechos humanos en la dogmática jurídica y en la lectura del orden jurídico. Otro de los problemas, es la aún poca bibliografía en nuestro país al respecto, no obstante, hemos conseguido literatura en inglés, pero el tiempo de asimilación ha sido mayor que con la literatura en español, el esfuerzo en ese sentido está hecho.

Si bien el trabajo pretende ser un ejercicio filosófico, también es cierto que no podemos dejar de señalar que la finalidad última de este análisis es el estudio del primer nivel del lenguaje normativo, las normas que componen el sistema jurídico mexicano, ése es el contexto que guía la investigación y le da vida. Esto implica que me desenvuelvo en un contexto jurídico, en específico, el sistema jurídico mexicano, mi formación (o deformación) me limita y muchos conceptos utilizados por mí en este documento, partirán de esta tradición, y no puedo dejar de mencionar que el desarrollo de la filosofía del derecho en México, digamos que no puede ser ejemplo para otros países. Además, al igual que como sucedió en España en donde hubo un debate entre los conceptos de derechos humanos y derechos fundamentales, en nuestro país se ha desarrollado una polémica entre los términos derechos fundamentales y los derechos humanos, el problema en México ha sido mayor ya que la Constitución establece ambos conceptos.

Es necesario para nuestro país lograr mayor precisión conceptual, la intención de este trabajo es ser una aportación modesta en ese sentido.

2.1 Derechos humanos

Algunos autores señalan que los límites del derecho son los límites del lenguaje, esto es debido a que el medio de comunicación por el cual la autoridad emite el derecho es el lenguaje (Endicott 1999, 935 y ss.). De ahí que tengamos presentes los diversos caminos que la propia filosofía del lenguaje ha seguido en su desarrollo, en este caso podemos decir que son dos: por un lado, las teorías del uso del lenguaje y, por el otro, las teorías formales, mientras las primeras ponen el énfasis en el nivel pragmático, en el hablante y el significado que él considera al usar las palabras (e. g., J. L. Austin y el segundo Wittgenstein), las segundas estudian el lenguaje en abstracto en un nivel semántico, a partir del cual analizan las imprecisiones y ambigüedades del uso cotidiano (e. g. Davidson y Dummett, en Avramides 1999, 61 y 62). Considero que la primera teoría es descriptiva mientras que la segunda es prescriptiva.

Para nuestros conceptos de derechos humanos y de derecho subjetivo, es importante saber cómo va a ser nuestro análisis del lenguaje, ya que si deseamos determinar cómo es usado el término tendremos consecuencias interesantes, pero para efectos normativos no van a ser tan relevantes. Por otro lado, uno de los aspectos importantes del presente trabajo es que estamos conscientes de que cuando el legislador establece un término en la legislación le otorga cierto significado especial (teoría formal del lenguaje), esta es una de las características esenciales del lenguaje normativo, un ejemplo podría ser el término aborto ya que cuando es ingresado al orden jurídico no se trata ya del aborto en sentido cotidiano, en cambio la prescripción establece cómo debe ser leído por el juez, no obstante, como hemos señalado párrafos arriba, el problema es que ese mensaje está dado en un lenguaje y éste aun pretendiendo ser lo más claro y preciso, es en muchos casos limitado.

Podemos señalar que ambas teorías nos dan un aspecto esencial del lenguaje, su carácter prescriptivo y su nota distintiva de cambio constante, por ello, ambas serán utilizadas en el presente trabajo como parte del marco teórico conceptual.

Para estudiar el concepto de los derechos humanos es necesario primero observar cómo algunos autores lo han abordado, un método aceptado por varios filósofos del derecho implica primero determinar qué significa tener "derechos" y, a partir de ahí, referirse al término derechos humanos, nosotros seguiremos esta metodología.

2.1.1 El significado de tener "derechos"

En México como en muchos países la discusión política se basa en gran medida en los derechos, regularmente los actores políticos fundamentan sus respuestas a los problemas sociales con base en alguna concepción de los derechos, la cual regularmente es implícita.

Uno de los aspectos más importantes del presente trabajo es detallar la discusión sobre los derechos, tener elementos para poder "leer" los discursos políticos y observar que dónde se encuentran los puntos de desencuentro no es en el nivel de detalle sino en relación al conflicto de sus fundamentos que regularmente se encuentran implícitos y soportan el peso argumentativo de sus conclusiones. Lo cual después de la discusión y cierto consenso se traduce en derecho.

En este mundo polarizado llegar a acuerdos es esencial y no podemos llegar a ellos en un nivel de discusión de detalle, tendremos que ir a los fundamentos y discutir sobre ellos, eso nos permite tener un cambio de creencias base, de aquellas ideas que regularmente no analizamos porque las damos como supuestas (también suponemos que los otros las comparten o qué si no las comparten, entonces no nos interesan porque no queremos cambiar las nuestras, lo cual en los dos casos demuestra una cierta clase de intolerancia).

2.1.2 Método para abordar el problema

Popper (1967, 17) señalaba que un método sencillo para abordar un problema era tener en cuenta tres cuestiones: a) que el problema fuera interesante; b) que se trate sinceramente de resolverlo, y c) averiguar qué han pensado y dicho otros sobre el problema, porqué han tenido que afrontarlo, cómo lo han formulado y cómo han tratado de resolverlo. Eso es lo que haremos en el presente trabajo.

Según Joseph Raz el estudio de los derechos puede hacerse desde distintas perspectivas, por ejemplo, autores como W. H. Hohfeld y H. L. A. Hart lo hacen de manera independiente, esto es, una explicación de los derechos jurídicos no depende de su aplicación a otros derechos. Sigue comentando este autor que algunos filósofos como L. Becker, C. Welman y R. Flathman, convierten la concepción de los derechos jurídicos en el punto de partida de su explicación de los derechos en general. Otros filósofos como J. Feinberg y R. M. Dworkin fundamentan su explicación de los derechos jurídicos a partir de la explicación de los derechos en general. Para este autor son los derechos morales los que constituyen el modelo de explicación del general del concepto (Raz 2001, 277-278).

Estas discusiones se dan debido a las posiciones más generales que derivan de la ya añeja discusión sobre la relación entre el derecho y la moral, debate que ha sido retomado por muchos autores de nuevo a partir de la exposición de los límites del derecho, verbigracia, Dworkin y los casos difíciles, en donde la moral permitiría llenar el vacío legal; Habermas y la tensión entre el derecho positivo y la legitimación que el derecho reclama para sí, en donde la moral autónoma y el derecho positivo guardan una relación de complementariedad pero también de independencia (Habermas 1998, 170 y ss.), H.L.A. Hart y la textura abierta del derecho, Radbruch y el argumento de extrema injusticia, Alexy y su teoría de los derechos fundamentales en donde la vaguedad de las formulación de los derechos fundamentales y la falta de consenso en su significado hace necesaria la precisión por parte de instituciones como el Tribunal Constitucional (Alexy 1991, 21 y ss.), entre muchos otros autores.

Al parecer la discusión sobre el derecho es fundamentalmente acerca de los límites del mismo y cómo logramos un consenso para delimitarlo claramente. Esto es natural desde el punto de vista lingüístico siempre existe un núcleo de significado claro y una "zona de penumbra". Lo común es que las discusiones versen sobre lo que denominamos zona de penumbra, en donde hay varios significados del concepto y no un consenso.

Para simplificar los tipos de relaciones entre el derecho y la moral, Alexy expone que existen dos tesis: la tesis de la separación y la tesis de conexión, la tesis de la conexión es verdadera si al menos existe un tipo de conexión necesaria entre derecho y moralidad, la tesis contraria implica que no existe tal conexión necesaria. Para demostrar la verdad de la tesis de la conexión, Alexy señala dos argumentos: el argumento conceptual de la corrección y el caso paradigmático de la extrema injusticia, los cuales resume de la siguiente manera, en el caso de la corrección podemos decir que la relación necesaria se da en el momento en que tenemos una decisión legal moralmente incorrecta es también una decisión legalmente incorrecta y, el segundo, en el sentido que la extrema injusticia no es derecho (Alexy 2001, 8 y ss.).

Al haber una diferencia entre la expresión de manera general de los derechos y la precisión de las demás reglas podemos decir que es muy común que existieran controversias primero entre los derechos (por ejemplo, el derecho a la privacidad vs. el derecho a la información) y también entre los derechos y las reglas que imponen deberes a los ciudadanos (verbigracia, el derecho en México para que los impuestos sean proporcionales y equitativos vs. la regla que impone que el impuesto del valor agregado de un 15%), en donde la contradicción no es lógica sino valorativa. Esto implica la aseveración de Joseph Raz de que los derechos son un intermediario entre los intereses individuales y los deberes de la gente, entre sus intereses y los deberes que impone la norma. La primera consecuencia que podemos sacar de esta reflexión es que los derechos y las reglas impositivas se encuentran, generalmente, en nivel de lenguaje distinto, esta es una de las respuestas que se le pueden dar a Schauer (1985, 361 y ss.) cuando señala porqué algunas normas son más generales que otras, además de las que él manifiesta como la necesidad de un lenguaje flexible.

En virtud de lo anterior, al parecer para los derechos sería conveniente tomar partido por la teoría de la conexión, según la cual nos podrían dar tanto criterios de corrección como señalar cuándo el orden jurídico señala que existe injusticia extrema. Esto sería válido en sentido general tomando en cuenta a los derechos en general.

El argumento anterior es especialmente importante para el término derechos que por naturaleza es general: los derechos, como señala Raz (1984, 194 y ss.), no se entienden si no se especifica el derecho de que se trata.

Según señala Jeremy Waldron la discusión moderna sobre los derechos ha tenido un par de aspectos distintivos, por un lado, el intento de los juristas de ser mucho más precisos en el uso del concepto "derechos"; por otro, la preocupación por los fundamentos de los derechos, ya que si tomamos a los derechos como válidos para todas las personas en todos los tiempos y lugares suena implausible ante las prácticas opresivas e infrahumanas que no permiten garantizarlos (ni siquiera se da expectativa de hacerlo) (Waldron 1984, 2-3). Estas dos preocupaciones la de ser más precisos y la de lograr entender los fundamentos de los derechos son parte de la finalidad del presente trabajo. La primera de las preocupaciones teóricas de los derechos tendría que ver con las teorías del uso, mientras que la discusión sobre los fundamentos tendría que ver más con la teoría del formal del significado, con el significado que los autores les atribuyen a los conceptos. En este trabajo, argumentaremos que los disensos entre autores se dan en diversos niveles de análisis del lenguaje, por lo menos en diversos enfoques del mismo.

En seguida analizaremos dos posiciones que ejemplifican el tipo análisis de los derechos, el primero como hemos dicho páginas arriba trata sobre el análisis a partir del concepto de derechos en general, y el segundo tomando el análisis de los derechos desde el punto de vista jurídico, con independencia a una noción general de derecho.

2.1.3 El estudio de los derechos (jurídicos) desde el concepto de derechos morales

Un artículo que ejemplifica esta posición es el de Joseph Raz denominado sobre la naturaleza de los derechos, en principio, el autor justifica la necesidad de que el análisis de los derechos se realice desde los derechos morales, Raz acertadamente señala que no todos los derechos y deberes jurídicos son susceptibles de una acción vía los tribunales, algunas excepciones se dan debido a los propios derechos y obligaciones de los tribunales, simplemente existe un número determinado de apelaciones en cualquier sistema jurídico y existen sólidas razones para limitar el acceso a los tribunales.

Según Raz (2001, 280-282), la conclusión de que "ser cualquier titular de un derecho jurídico... equivale a tener control sobre el deber correspondiente", es una explicación de los derechos que puede conducir a señalar que se trata de una exageración y una distorsión. En concreto, consideramos que Raz señala que justificar los derechos jurídicos desde su análisis es una especie de petición de principio, la justificación de los derechos jurídicos no puede estar en ellos mismos.

En nuestra opinión este punto no se encuentra suficientemente debatido por los autores, la posición contraria es adoptada aquellos que realizaron estudios pioneros de los derechos partiendo de un análisis de los derechos jurídicos, para elegir esta opción argumentan que el derecho tiene sus ventajas como la posibilidad de reconocer las normas por el principio de publicidad del derecho, argumento que va en contra del estudio de los derechos morales que no pueden ser fijados y reconocidos positivamente .

En otro trabajo, Raz (1984, 195) señala que toda definición filosófica debe partir del análisis del uso ordinario del término. Además, dicha definición debe dar luz o clarificar la concepción moral, jurídica o política la cual describa.

Otra distinción importante que Raz establece es la relacionada con la existencia de derechos base y derechos derivados, esto encuadra muy bien en su teoría de las fuentes del derecho en el cual el derecho es un sistema de normas derivadas unas de otras, lo cual para los derechos implicaría que la especificación de los derechos dependería de toda una cadena argumentativa que no inicia con la norma más específica sino con la más general, misma que por ser general no tiene por sí misma un significado completo y acabado.

2.1.4 El estudio de los derechos (jurídicos) con independencia del análisis general (o del análisis de los derechos morales)

Uno de las principales líneas de investigación por las cuales se ha intentado la precisión de los derechos implica el análisis más detallado de la relación entre derechos y las correlativas "obligaciones", para lo cual podemos considerar paradigmático el trabajo de Hohfeld (1996, 28-29) en el sentido de que intenta esclarecer estas dos familias de términos ligados de maneras complejas y poco claras.

La idea de Hohfeld es que el uso de la palabra derecho (subjetivo) "right" es indiscriminado y es necesario mayor precisión conceptual.

Para hacer desglosar este tipo de relaciones Hohfeld propone un esquema de "opuestos" y "correlativos" de la siguiente manera:

Opuestos jurídicos (una es la negación de la otra)	Derecho (subjetivo) No derecho	Privilegio Deber	Potestad Incompetencia	Inmunidad Sujeción
Correlativos jurídicos (nociones equivalentes si se invierten los sujetos)	Derecho (subjetivo) Deber	Privilegio No-derecho	Potestad Sujeción	Inmunidad Incompetencia

Hay que recordar que este análisis de Hohfeld parte de las inquietudes que generan instituciones como la equity y los trusts, señalando que este tipo de fenómenos en el derecho necesitan para su explicación un detalle más detallado y preciso de las herramientas conceptuales, ese el trabajo pretende ser práctico y evita caer en "tratar como simple una realidad compleja" (Hohfeld 1996, 27-28).

Por otro lado, siguiendo a Waldron podemos señalar que las teorías de los derechos basadas en argumentos jurídicos se han dividido en dos teorías, la teoría de la elección y la del beneficio o teoría del interés, la primera desarrollada por H. L. A. Hart y la segundo defendida por autores como David Lyons, Joseph Raz y Neil MacCormick (Waldron 1984, 3 y ss.)

2.2 Los fundamentos de los Derechos humanos

Al rastrear los diversos fundamentos de los derechos humanos podemos decir que las bases ideológicas históricas de los derechos son las concepciones liberales de autores como John Locke, Thomas Paine e Inmanuel Kant, en el caso de Locke, por ejemplo, siguiendo a Celso Lafer, podemos señalar que "existe una relación abierta entre la teoría política de Locke y los principios que inspiraron la tutela de los derechos fundamentales del hombre en el constitucionalismo" (Lafer 1994, 141).

Prieto Sanchís señala que la influencia de Locke en América es sobradamente conocida, y cita un interesante pasaje que se relaciona con los derechos y el Estado:

…El estado es una sociedad de hombres instituida con la única mira del establecimiento, conservación y desenvolvimiento de sus intereses civiles. Llamó a intereses civiles la vida, la libertad, la salud del cuerpo, la posesión de bienes exteriores, tales como son el dinero, las tierras, las casas (Prieto Sanchís 2003, 39).

Siguiendo a este mismo autor podemos decir que "la fisonomía de los derechos que encontramos en las Constituciones de los distintos estados resulta adscribible a la tradición iusnaturalista, sobre todo la versión de Locke" (Prieto Sanchís 2003, 43).

Prieto Sanchís resume su posición señalando que "progresivamente se va asentando la idea de que la Constitución es un acto fundacional que tiene por objeto hacer la protección de los derechos naturales el fundamental límite del gobierno" (Prieto Sanchís 2003, 45).

Como señala Nino (1991, 9) una pregunta muy común es la de si los derechos humanos tienen un carácter legal o moral, lo cual implica otro gran debate sobre el derecho que es su relación con la moral. Según Alexy (2001, 8 y ss.) este es uno de tres principales problemas acerca de la naturaleza del derecho el cual ya fue discutido con anterioridad (ver supra).

2.3 El desarrollo conceptual de derechos humanos en México

Uno de los más importantes problemas conceptuales en materia de derechos humanos en México es el que se introdujo al promulgarse el 5 de febrero de 1917 la Constitución Política de los Estados Unidos Mexicanos en donde se modificó el término "derechos del hombre", consagrado en la Constitución de 1857, por el de garantías individuales.

Es una discusión similar a la que se da en España relativa a los derechos fundamentales y los derechos humanos, nada más que en nuestro caso se acentúa debido a la enorme resistencia de lograr mayor claridad conceptual.

2.3.1 Los usos del concepto "derechos humanos" en las fuentes del derecho en México

Para efectos de conocer el concepto derechos humanos u otros similares, análogos o sinónimos, es necesario analizar su uso en las fuentes de derecho en México, por tanto, estudiaremos cómo ha sido utilizado recientemente en la legislación, la jurisprudencia y la doctrina, aunque estamos conscientes de que no son las todas las fuentes del derecho, las consideramos las más representativas para nuestro propósito.

2.3.1.1 En la legislación

Previo a la reforma de 2011, en nuestra legislación la denominación más común es la de garantías "individuales" o "sociales". El concepto de derechos humanos se introdujo cuando se adicionó el apartado B al artículo 102 Constitucional, en los siguientes términos:

Artículo 102.

A. […]

B. El Congreso de la Unión y las legislaturas de las entidades federativas, en el ámbito de sus respectivas competencias, establecerán organismos de protección de los derechos humanos que ampara el orden jurídico mexicano.

La introducción de este término conlleva a preguntarnos qué quiso decir el legislador cuando crea organismos que protegen "derechos humanos", amparados por el orden jurídico mexicano.

En primer lugar, ¿cambió algo al cambiar el título primero de la Constitución y en vez de llamarles garantías individuales les denominó derechos humanos? Consideramos que conceptualmente no, aunque se incluyeron aspectos tan importantes como la interpretación pro personae que después fue limitada por la propia Suprema Corte de Justicia de la Nación en la contradicción de tesis 293/2011, en el sentido de que, si la limitación se encontraba en la Constitución, entonces estaba prohibido elegir una norma internacional más favorable.

La pregunta que surge entonces es si algún derecho humano que no esté contenido en los primeros 29 artículos de la constitución deben ser considerado como garantía individual o no, vía jurisprudencia se han ampliado las garantías individuales a otros artículos Constitucionales como son el 31, fracción IV, entre otros. De la misma manera han sido restringidos ya que por ejemplo la jurisprudencia de la Suprema Corte señaló que los derechos políticos no son garantías individuales y por tanto no están protegidos por el juicio de amparo (véase Fix-Fierro 2000, 7), aunque ahora podemos mencionar que aunque los derechos políticos no están protegidos por el juicio de amparo existe un recurso especial ante el Tribunal Electoral regulado en el artículo 99 de la Constitución.

Sin embargo, señalar que sólo puede haber garantías individuales en los textos constitucionales sería una restricción formal del mismo tipo la que señala que sólo son garantías individuales las contenidas en el capítulo primero de la Constitución, consideramos que contrario a lo señalado por la Suprema Corte de Justicia de la Nación en la citada Contradicción de tesis, es necesario realizar una interpretación extensiva y no restrictiva de la Constitución, el artículo 133 Constitucional señala lo que debemos de entender por Ley Suprema de toda la Unión, la cual comprende no sólo la Constitución sino los tratados internacional y las leyes que emanen de la propia Constitución, que estén de acuerdo con ella, este artículo autoriza al intérprete para incluir como garantías individuales o derechos humanos aquellos que estén contenidos dentro de esa Ley Suprema, la cual es más amplia como corpus que la propia Constitución.

En todo caso, sean o no considerados derechos humanos aquellos que estén fuera de la Constitución, sea en tratados internacionales o en leyes, federales o locales, podríamos señalar que su protección se puede llevar a cabo debido a la garantía de legalidad establecida en el artículo 16 Constitucional, con ello cae por sí sola la distinción que siempre ha hecho la Suprema Corte de Justicia de la Nación entre cuestiones de legalidad y de constitucionalidad.

No podemos dejar de señalar que esta contradicción ha tratado de ser salvada por la doctrina, por ejemplo, el doctor Jorge Carpizo ha señalado: "mientras los derechos del hombre constituyen una categoría abstracta y genérica, la garantía constituye la medida individualizada y concreta que la Constitución protege cada uno de estos derechos" (Fix-Fierro 2000, 6). Al respecto, el doctor Fix-Fierro señala que "aunque, en efecto, la incorporación de un derecho a una declaración constituye, en cierto modo, una garantía, el significado de este término se ha desplazado, en el uso moderno, para indicar los medios e instrumentos, particularmente de naturaleza procesal, para la protección de los derechos humanos, pues lo que ahora importa no es tanto su proclamación, como su vigencia real" (Fix-Fierro 2006, 7).

No obstante, la cuestión que subyace de fondo en esta discusión es cuáles derechos deben ser considerados como parte de esta protección especial (sea jurisdiccional como el juicio de amparo o no jurisdiccional como los organismos públicos de protección a los derechos humanos denominados Ombudsman) que otorga el orden jurídico en su totalidad.

En principio la respuesta es que si estos derechos están contenidos en el orden jurídico deben ser objeto efectivo de protección como derechos humanos, en los siguientes capítulos veremos que la respuesta a esta pregunta no es tan sencilla e involucra muchísimos aspectos.

2.3.1.2   La jurisprudencia

Antes de la reforma de 2011, en la jurisprudencia y en las tesis aisladas el Poder Judicial de la Federación ha utilizado generalmente el término garantías individuales, sin embargo, podemos encontrar que en ocasiones utiliza como sinónimo las siguientes denominaciones: "derechos del hombre", "derechos" y "garantías constitucionales".

2.3.1.3 La doctrina

Actualmente autores como Miguel Carbonell han propuesto, siguiendo el modelo español, el término derechos fundamentales (Carbonell, 2004), sin embargo, con la reforma de 2011 ahora hay consenso en denominarlos derechos humanos.

2.4 Las generaciones de derechos humanos

Clásicamente los derechos humanos se han dividido en tres generaciones, los cuales corresponden a diversos periodos más o menos ubicados en la historia, esta clasificación.

Según Griffin (2003, 161) "la primera generación se refiere a los clásicos derechos de libertad de los siglos XVII y XVIII, por ejemplo, libertad de expresión, de reunión, de trabajo, entre otros. La segunda generación se trata de los derechos de bienestar de la mitad del siglo XX —derechos positivos de ayuda— …La tercera generación, los derechos de nuestros tiempos, de finales del siglo XX son los derechos de solidaridad, incluyendo muchos de los importantes derechos de los grupos" , esta evolución concuerda también con el uso de los diversos vocablos utilizados en el transcurso de la historia, Santamaría Ibeas (2001, 8) señala que "los derechos que a lo largo de los siglos XVII y XVIII serán conocidos como …derechos naturales, durante el siglo XIX serán denominados como derechos públicos subjetivos y los mismos derechos que después de la Segunda Guerra Mundial.. serán conocidos como derechos humanos y también como derechos fundamentales", en lo que no estaríamos de acuerdo con este autor es que todos los vocablos fueran "los mismos derechos", de ahí el objetivo de este trabajo, de analizar cómo, por ejemplo, las tecnologías de la información pueden (o no) modificar la terminología de los derechos para lograr un cambio de fondo, o lo que ha sido denominada una nueva generación de derechos humanos (Véase Pérez Luño, 2006).

2.4.1 La primera generación de derechos humanos

Podemos observar que los primeros instrumentos de defensa de los derechos son los documentos ingleses.

Rolando Tamayo y Salmorán opina que la gran contribución de Inglaterra a la defensa y garantía de la supremacía del derecho fue lo que él denomina epopeya judicial los cuales hicieron posibles dos instrumentos judiciales más significativos entonces logrados por el sistema jurídico inglés: la equity y el Writ de habeas corpus (Tamayo 1998, 177).

Según el profesor Tamayo (1998, 177), el mecanismo de la equity es el siguiente: Si se le causa un perjuicio a alguien y no existe solución en los writs existentes, entonces se pedirá al rey (en realidad, al Lord Chancellor y, después, a cualquier tribunal de equity) que intervenga para que proporcione la solución que los tribunales ordinarios...no pueden proporcionar.

En cuanto al Writ de Habeas corpus se considera que es el más importante recurso procesal del sistema inglés en beneficio de la persona, en palabras del mismo autor:

El Writ de habeas corpus ordena a cualquier funcionario o persona que mantenga a alguien preso o detenido llevar al individuo (el "cuerpo") al tribunal para que se determine si la prisión o detención es conforme a derecho (Tamayo 1998, 177).

No podemos dejar de mencionar del denominado "Derecho de Indias" con la llegada de los colonos españoles al Nuevo Mundo.

No obstante, los precedentes anteriores, para hablar de la primera generación de derechos nos tenemos que ubicar tanto en la Revolución Francesa como en los documentos y Declaraciones que se desarrollan en las colonias de Norteamérica. Pero la pregunta es la siguiente: ¿cuál es el cambio que permitió el hablar por primera vez de derechos humanos?

La respuesta de algunos autores, como Peces Barba, se debe a que en este periodo histórico se conjuga la "idea contractualista" con la positivación de los llamados "derechos naturales" según este autor "el paso de Hobbes a Locke es el que representa el modelo de positivación de los derechos, desde la moralidad al Derecho positivo a través de la ley de un legislativo, expresión del poder basada en el contrato" (Peces-Barba 1999, 156-157).

Los derechos incluso se convierten en un freno para el poder legislativo, pero hay que tener presente que estos se caracterizan como un freno al poder, de ahí el aspecto negativo o de omisión, se trata de que el Estado debe respetar una esfera compuesta de ciertos derechos.

Por señalar un ejemplo podemos señalar que la Declaración de los Derechos del Hombre y del Ciudadano de 1789 contenía los derechos de igualdad (jurídica –a. 1– y económica –17–), el derecho de libertad (como derecho general –aa. 4 y 5–, libertad religiosa –a. 10– y de expresión –a. 11–), seguridad jurídica y garantía de la libertad –aa. 2, 7,8 y 9– garantías penales y procesales –a. 7,8 y 9–, la propiedad —aa. 2y 17— (Cfr. García Manrique 2001, 121-217), entre otros. No obstante, podemos observar se trata de límites bien establecidos para el Estado, esa es la esencia de la primera generación de derechos humanos.

Además, podemos señalar que la primera generación se derivó de la crisis sufrida por el autoritarismo, en concreto la nueva posición de la burguesía en los intereses públicos

2.4.2 Segunda generación de derechos humanos

Al igual que la primera generación podemos señalar que la segunda parte de la crisis del estado liberal, sumado a los efectos de la primera revolución industrial y los diferentes efectos sociales que ésta produjo, entre ellos podemos señalar, siguiendo a Lucas Marín, la "transformación de las sociedades tradicionales, basadas sobre todo en la producción agrícola y en actividades extractivas, en otras sociedades de nuevo cuño en las que la organización y la producción industrial, la fábrica, tiene una importancia fundamental en la organización de la convivencia" (Lucas 2000, 16).

El Estado asume la realización de objetivos sociales, se pretende una mejor distribución de bienes, como dice Ara Pinilla, se pasa de la democracia formal (el voto) a la democracia material (derivada de la legitimidad por lograr los objetivos sociales) (Ara 1989, 60).

2.4.3 Tercera generación

Esta generación de derechos también responde a una crisis del siglo pasado, dicha crisis pone en cuestión al sistema democrático representativo, es el declive del Estado social de derecho (Ara 1989, 63).

Algunos autores niegan la naturaleza jurídica de estos derechos, los problemas del derecho a la paz, la autodeterminación de los pueblos, el derecho a un ambiente ecológicamente equilibrado, entre otros, no reflejan suficientemente un interés jurídico personal y directo, sino uno difuso y no de fácil respuesta, en algunos de estos derechos no existen fronteras ni soberanías a quién podamos señalar como responsables. En otras palabras, podemos hablar de intereses "difusos" y también de autoridades responsables "difusas".

2.5 El concepto de derecho subjetivo

Esta influencia del derecho natural pasó a cristalizarse en las declaraciones de derechos americana (Declaración de Derechos de Virginia) y francesa

(Declaración de los Derechos del Hombre y del Ciudadano) , esta última concebida como estandarte de la transformación de las "reglas de derecho que deben guiar al legislador" (Jellinek 2000, 149) o "límites absolutos al Poder Legislativo, límites establecidos por Dios y la Naturaleza" (Jellinek 2000, 131) y, en ese momento, se realiza la transformación de las proposiciones de Locke: "de derechos objetivos en derechos subjetivos".

Esta argumentación también es apoyada por autores como Habermas quien señala que, para la comprensión moderna del derecho, el concepto de derechos subjetivo desempeña un papel central. Siguiendo a este autor podemos señalar que se corresponde con el concepto de libertad subjetiva de acción: los derechos subjetivos (en inglés rights) fijan los límites dentro de los que un sujeto está legitimado para afirmar libremente su voluntad (Habermas 1998, 147 y ss.)

No es nada nuevo señalar que un gran cambio en la teoría del derecho sobre el concepto de derecho subjetivo es la visión de Kelsen cuando señala que en realidad el derecho subjetivo es la capacidad del sujeto para solicitar al Estado la restitución de su pretensión, en ese momento, la discusión se torna no en cuáles son los derechos que se deben tutelar, sino quién debe tutelarlos, cómo deben ser tutelados y cuáles deben ser tutelados.

En ese momento hay un rompimiento de paradigma y la discusión se va al terreno procesal, durante mucho tiempo algunos teóricos del derecho intentaron encontrar en este esquema la eficacia de los derechos.

El propio Kelsen (1974) en su trabajo la Garantía Jurisdiccional de la Constitución señala que debe haber una garantía de regularidad en el orden jurídico en donde las disposiciones generales o específicas inferiores estuvieran de acuerdo a lo señalado en la Constitución o en la norma superior, así todo el orden jurídico sería coherente, y la regularidad de la jurisdicción puede ser garantizada por un tribunal que determine la inconstitucionalidad o constitucionalidad de una norma general o específica en concreto.

El criterio de corrección del orden jurídico, sin embargo, no puede ser procesal, así lo demuestran autores como Ronald Dworkin (1990) al señalar la forma de resolver los casos difíciles.

2.6 Reflexión sobre el concepto de derecho subjetivo y los derechos humanos

La posición de Kelsen sobre el derecho subjetivo impide ampliar la extensión del concepto, restringe el significado de los derechos y evita la discusión, argumentación y consenso sobre ciertos temas, citando a Raz podemos decir que quedarían fuera de defensa no sólo derechos jurídicos (ver supra) sino que impediría una visión de justificación entre los derechos base y los derivados (ver supra), que finalmente es una discusión sobre los fundamentos ya que será en todo caso el tribunal quien determine el paradigma de fundamentación de los derechos y los límites de los mismos.

En el siguiente apartado daremos nuestro punto de vista sobre posibles soluciones que podrían ser implantadas de manera general para lograr que los derechos humanos pudieran ser una realidad en nuestros difíciles tiempos.

Algunas consideraciones para la adecuación del concepto derecho subjetivo

Evidentemente esto no es un tema sencillo, pero nos muestra cómo debemos de ir adecuando un esquema de pretensiones distintas para cada una de las generaciones de derechos, la propuesta para resolver el problema es la siguiente:

A. En el caso de los derechos humanos de primera generación el concepto de derechos subjetivos tradicional puede permitir a los individuos ejercer las pretensiones que ellos protegen.

B. En el caso de los derechos humanos de segunda generación las cosas se complican y podemos decir que aún no existen mecanismos específicos para hacer válidas las pretensiones de los individuos, sin embargo, un sistema para elevar el grado de obligatoriedad de estos derechos es el de tener mecanismos (además del democrático) para evaluar objetivamente los diversos grados de cumplimiento de los programas económicos, políticos y sociales. Decimos que además del democrático porque se supone que uno de los principales objetivos de la democracia es lograr la alternancia en el poder si el partido político no alcanza las metas económicas, políticas y sociales que se ha impuesto, no obstante, es necesario reconocer que las instituciones como la representatividad ya han sido puestas en duda. Esto implicaría varias cosas, la primera de ella, es que el sistema de políticas públicas fuera obligatorio para las autoridades, incluso que los particulares pudieran solicitar a un tribunal que revisará el cumplimiento de los planes de gobierno y en aspectos que le afectaran directamente al particular o a su comunidad.

C. En el caso de los derechos a la tercera generación, es casi imposible ser optimista en este aspecto ya que no existe consenso sobre esos temas, más en este mundo polarizado donde los gobiernos no tienen en cuenta las pretensiones de los ciudadanos (salvo el castigo democrático), es necesario dotar a la democracia de procedimiento más sustanciales para lograr establecer mandatos realmente representativos y no esperar a que de buena fe los gobiernos hagan caso de su pueblo para poner una posición a los problemas internacionales.

2.7 Conclusiones

Primera. Los autores contemporáneos han tenido dos preocupaciones respecto a los derechos, la primera es la necesidad de claridad conceptual y la segunda es la relativa a los fundamentos de los derechos.

Segunda. Los debates se dan en la fundamentación de los derechos, en un nivel de metalenguaje que implica los valores y principios últimos, en concepciones de filosofía política como algunos tipos de liberalismo, comunitarismo, entre otros.

Tercera. Como consecuencia de la conclusión dos, para resolver los problemas de los derechos humanos es necesario no discutir los derechos en específico, sino la concepción que los justifica, para utilizar la terminología de Joseph Raz.

Cuarta. Un gran cambio de paradigma en el derecho subjetivo se dio cuando Kelsen conceptualiza a este como un interés protegido por el derecho objetivo y como una libertad de arbitrio garantizada por el derecho objetivo.

Quinta. En México existió hasta la reforma de 2011 una gran confusión conceptual para determinar la competencia de los organismos protectores de derechos humanos, ya que, si son entidades diferentes a las garantías individuales o se incluyen en ellas, o además de ellas implican otros derechos, son preguntas que la dogmática mexicana no se ha cuestionado seriamente.

Sexta. Los derechos humanos de la segunda y tercera generación implican un derecho subjetivo distinto a los de primera, sin embargo, no hay disposiciones (salvo las democráticas y de representación) que controlen, den seguimiento y determinen si esas políticas sociales, económicas y culturales llevadas a cabo por el Estado son eficientes en términos objetivos.

Séptima. Es necesario transformar el tipo de pretensiones que los gobernados tienen en materia de derechos de segunda y tercera generación, dotar de obligatoriedad a los programas concretos de políticas públicas podría ser una estrategia para hacer realidad los derechos económicos, políticos y sociales, en el caso de la tercera generación, es importante que las políticas de los gobiernos en estos aspectos se apeguen a través de mecanismos como el referéndum o plebiscito, en caso de que sea solicitado por el 33 % de la asamblea legislativa o un porcentaje de firmas de la población.

2.8 Bibliografía

Alchourrón, Carlos y Bulygin, Eugenio (1971), Introducción al estudio de las ciencias jurídicas y sociales, Buenos Aires: Astrea.

Alexy, Robert (1991), Teoría de los derechos Fundamentales, trad. Ernesto Garzón Valdés, Centro de Estudios Constitucionales.

Alexy, Robert (2001), The nature of arguments about the nature of Law, en Rights, culture and the Law. Themes from the legal and political philosophy of Joseph Raz, ed. Lukas H. Meyer, Stanley L. Paulson and Thomas W. Pogge, Oxford: Oxford University Press.

Ara Pinilla, Ignacio (1989), "Los Derechos Humanos de la Tercera Generación en la Dinámica de la Legitimidad Democrática," en Gregorio Peces-Barba Martínez, ed., El Fundamento de los Derechos Humanos, Madrid: Debate.

Asís Roig, Rafael de (1992), Las paradojas de los derechos fundamentales como límites al poder, Madrid: Debate.

Avramides, Anita (1999) "3. Intention and convention", A companion to the philosophy of language, Ed. Bob Hale and Crispin Wright, Oxford: Black Companions to Philosophy.

Barranco Avilés, Ma. del Carmen (1996), El discurso de los derechos. Del problema terminológico al debate conceptual, Instituto de Derechos Humanos Bartolomé de las Casas, Universidad Carlos III de Madrid, Madrid: Dykinson.

Camps, Victoria (1989), "El descubrimiento de los derechos humanos", en Javier Muguerza y otros, El fundamento de los derechos humanos, Madrid: Debate.

Carbonell, Miguel (2004), Los derechos fundamentales en México, México: CNDH-UNAM.

Carrió, Genaro (2001) "Nota preliminar", en W. N. Hohfeld, Conceptos jurídicos fundamentales, México: Fontamara, pp. 8-9.

Cruz Parcero, Juan Antonio (1999), El concepto de derecho subjetivo en la Teoría Contemporánea del Derecho, México: Fontamara.

Dabin, Jean (1952), Le Droit Subjectif, Paris: Dalloz.

Dworkin, Ronald (1990) Los derechos en serio, Planeta, México.

Endicott, Timothy A. O. (1999), "Law and language", en The Oxford Handbook of Jurisprudence and Philosophy of Law, Ed. By Jules Coleman and Scott Shapiro, Oxford: Oxford University Press.

Fix-Fierro, Héctor (2000), "Artículo 1o.", Derechos del pueblo mexicano. México a través de sus Constituciones, México: Cámara de Diputados-Miguel Ángel Porrúa, tomo I.

García Manrique, Ricardo (2001) "Capítulo XVI: Segunda Parte: Sentido y Contenido de la Declaración de 1789 y Textos Posteriores," en Fernández García, Eusebio y Asís Roig, Rafael de, y Peces-Barba Martínez, Gregorio, editores, Historia de los Derechos Fundamentales, vol. III, Madrid: Dykinson, S. L. Instituto de Derechos Humanos Bartolomé de las Casas, Universidad Carlos III de Madrid, 2001, pp. 121-217.

García Máynez, Eduardo (1996), Filosofía del Derecho, México: Porrúa, p.356.

Griffin, James (2003), "Group Rights," en Stanley L. Paulson y Thomas W. Pogge Lukas H. Meyer, ed., Rights, culture, and the Law. Themes from the legal and political philosophy of Joseph Raz, Oxford: Oxford University Press.

Habermas, Jürgen (1998), Facticidad y validez, Madrid: Trotta.

Habermas, Jürgen (2002), Verdad y justificación, Madrid: Trotta.

Hohfeld, H. F. (1996), Conceptos jurídicos fundamentales, México: Fontamara.

Jellinek, Georg, (2000), La declaración de los derechos del hombre y del ciudadano, México: UNAM.

Kelsen, Hans (1974), "La garantía jurisdiccional de la Constitución", Anuario Jurídico, México: UNAM, pp. 471-515.

Lafer, Celso (1994) La Reconstrucción de los Derechos Humanos, México: Fondo de Cultura Económica.

Lucas Marín, Antonio (2000) La Nueva Sociedad de la Información, Madrid: Trotta, 2000, p. 16.

Nino, Carlos Santiago (1991) The Ethics of Human Rights, Oxford: Clarendon Press – Oxford.

Peces-Barba Martínez, Gregorio (2001), "El contexto social y cultural de los derechos. Los rasgos generales de evolución", Historia de los Derechos Fundamentales, Madrid: Dykinson, S. L, tomo. II, volumen I.

Peces-Barba Martínez, Gregorio (1999), Curso de derechos fundamentales, teoría general, Madrid: Universidad Carlos III de Madrid- Boletín Oficial del Estado.

Pérez Luño, Antonio Enrique, (2006) La tercera generación de derechos humanos, Navarra: Aranzadi.

Popper, Karl R. (1967) La lógica de la investigación científica, Madrid: Tecnos, 2a. Edición.
Prieto Sanchís, Luis (2003) La Justicia constitucional y derechos fundamentales, Madrid: Trotta.
Raz, Joseph (1984), "On the Nature of Rights", Mind, New Series, Vol. 93, No. 370 (abril), pp. 194-214.
Raz, Joseph (2001), La ética en el ámbito público, Barcelona: Gedisa.
Santamaría Ibeas, Javier (2001), "Capítulo XIV: Los Textos Ingleses," en Eusebio Fernández García y Rafael de Asís Roig Gregorio Peces-Barba Martínez, ed., Historia de los Derechos Fundamentales, Madrid: Dykinson, S. L. Instituto de Derechos Humanos Bartolomé de las Casas, Universidad Carlos III de Madrid.
Schauer, Frederick "Slippery Slopes", Harvard Law Review, Harvard Law Review Association, December, 1985, no. 99, p. 361 y ss.
Tamayo y Salmorán, Rolando (1998) Introducción al Estudio de la Constitución, México: Fontamara.
Waldron, Jeremy (1984), Theories of Rights, Oxford: Oxford University Press.

3 Derechos humanos vs. Democracia, sobre la legitimidad y naturaleza del control jurisdiccional de la legislación

Introducción

Ya en 1980 el doctor Héctor Fix-Zamudio, en su libro Tribunales constitucionales y derechos humanos, señalaba la necesidad de "renovar y acrecentar el interés y preocupación de los juristas latinoamericanos y, en general, de Iberoamérica, en la búsqueda para establecer y perfeccionar los instrumentos jurídicos de tutela de los derechos del hombre en nuestra región" (Fix, 1980:14). Este esfuerzo se realiza en esa línea de voluntad.

En general, la lucha por los derechos ha dejado claro que son precisamente estas tres cuestiones sobre las que debemos avanzar, en primer lugar, la claridad conceptual de los derechos humanos; en segundo, el desarrollo adecuado de las instituciones procesales para su adecuada defensa, y, como consecuencia de las anteriores, buscar la coherencia y racionalidad en el orden jurídico.

Actualmente, los derechos humanos en México se encuentran en un en constante desarrollo, por un lado, el proyecto de reformas a la Ley de Amparo que los contempla, y por otro, la transformación institucional por la que está pasando México, entre las cuales podemos destacar el cambio de la Suprema Corte de Justicia de la Nación en un Tribunal Constitucional, la creación de organismos autónomos como el Instituto Federal Electoral, la Comisión Nacional de los Derechos Humanos y el Banco de México.

En este contexto, los objetivos de la presente investigación son: a) analizar la competencia de los Tribunales Constitucionales para anular leyes en materia de derechos humanos, ello implica estudiar su legitimidad; b) examinar la actividad del control constitucional de leyes en otros países al anular leyes en materia de derechos humanos, especialmente, observar la manera en cómo esta facultad influye en la construcción conceptual de los derechos humanos en un orden jurídico específico; c) analizar el impacto de la argumentación en esa construcción en la racionalidad del orden jurídico, y d) estudiar el desarrollo conceptual de los derechos humanos en nuestro país utilizando un caso paradigmático.

La pregunta inicial del proyecto es la siguiente: ¿cuál debe ser el papel del control constitucional de leyes en la construcción conceptual de los derechos humanos? De la cual se derivan otras, entre ellas: a) ¿es correcto que los Tribunales Constitucionales (en nuestro caso la Suprema Corte de la Justicia de la Nación) tengan competencia para ejercer el control constitucional de la legislación en materia de derechos humanos?; b) ¿cómo se realiza la facultad señalada en a)?; c) ¿cuál es la repercusión de la actividad del control constitucional en la construcción conceptual de los derechos humanos?; d) ¿cuál es el desarrollo conceptual de los Derechos Humanos en nuestro país?

Como hipótesis podemos afirmar que existe un papel determinante de los Tribunales Constitucionales al ejercer la facultad de control constitucional de las leyes para construir conceptualmente los derechos humanos en un ordenamiento jurídico determinado, lo cual aplicado a México, si bien la facultad de control constitucional de las leyes es una facultad relativamente nueva de la Suprema Corte de Justicia de la Nación, podemos señalar que ésta tendrá un papel determinante en la protección de los derechos humanos por esta vía.

Hay que tener en cuenta siguiendo a Ferrajoli que "las respuestas a α) cuáles son, β) cuáles deben ser,... δ) qué son los derechos fundamentales, y ¿qué derechos, por qué razones, a través de qué procedimientos y con qué grado de efectividad son de hecho garantizados como fundamentales? pertenecen a [distintos] ...tipos de discursos" (Ferrajoli, 2001:290). Dicho autor señala que "esos tipos de discursos corresponden a otras tantas disciplinas: α) la ciencia jurídica positiva... β) la filosofía política,...γ) La teoría del Derecho...[la última pregunta] pertenece al ámbito δ) de la sociología del derecho y... de la historiografía jurídica" (Ferrajoli, 2001:290). La dificultad metodológica del presente trabajo es que mezcla algunos argumentos de cada una de las ciencias referidas. No obstante, lo anterior, podemos señalar que los métodos que principalmente se utilizarán será el analítico, el comparativo y el histórico, aunque también se empleará lo que se ha denominado teoría constitucional aplicada (Sadurski, 2002:276).

La técnica de investigación es la documental.

El trabajo inicia señalando qué es el control constitucional de las leyes, para lo que se deberá especificar cuáles son orígenes, discutir su legitimidad, alcances y limitaciones.

Una de las limitaciones de este trabajo es que no es posible agotar todos los temas ni todas las problemáticas –si bien se profundiza en las que consideramos más importantes-, menos aún incluir todas las contribuciones a los derechos humanos por parte de los Tribunales Constitucionales, las referencias serán sólo ejemplificativas para apoyar algún argumento.

3.1 Planteamiento El Control Constitucional de las leyes: origen, legitimación, clasificación y función

En este apartado mi propósito será analizar qué es el control constitucional para ello, se estudiarán algunos antecedentes históricos, la legitimación del control constitucional de leyes, la forma en que se ha clasificado dicho control y la función que realiza. Se dejarán de lado temas como su integración y organización, ya que desde la perspectiva de la construcción conceptual de los derechos humanos y la racionalización del orden jurídico , no aportan elementos directos sobre la protección de los derechos fundamentales, aunque estamos conscientes de que sin ellos es imposible la defensa de los mismos.

El control constitucional de las leyes es el conjunto de recursos jurídicos diseñados para verificar la correspondencia entre los actos emitidos por quienes decretan el poder y la Constitución, anulándolos cuando aquellos quebranten los principios constitucionales (Covián 2013, 28).

3.2 Antecedentes históricos del control judicial de la legislación

La mayoría de los autores concuerdan en que el inicio del control constitucional de las leyes (judicial review of legislation) se da formalmente en Estados Unidos con el caso Marbury vs. Madison.

No obstante, lo anterior, es necesario realizar comentarios sobre algunos precedentes históricos del control constitucional de las leyes, para ello, seguiremos al maestro Mauro Cappelletti, quien si bien reconoce que la aportación americana "ha iniciado una nueva y espléndida época" (Cappelletti, 1987:45), también señala que existen antecedentes dignos de mencionar:

El primer referente que menciona este autor se da en el derecho ateniense que distinguía entre el nomos, o sea la ley en sentido estricto, y el psefisma, o sea, para usar un término moderno, el decreto, la consecuencia de la contradicción entre un dictado por la Asamblea en contra de un valor nomoi era doble "Por un lado, resultaba de ella una responsabilidad penal a cargo de aquél que había propuesto el decreto [...] por el otro, se considera que derivase también la invalidez del decreto contrario a la ley (nomoi)" (Cappelletti, 1987:46), el segundo se da en la edad media cuando era muy clara "la distinción entre dos órdenes de normas los puntos el ius naturale, normas superior e inderogable; y es el ius positivum, obligado a no estar en contraste con la primera". (Cappelletti, 1987: 49)

Esta influencia del derecho natural pasó a cristalizarse en las declaraciones de derechos americana (Declaración de Derechos de Virginia) y francesa (Declaración de los Derechos del Hombre y del Ciudadano) , esta última concebida como estandarte de la transformación de las "reglas de derecho que deben guiar al legislador" (Jellinek, 2000:149) o "límites absolutos al Poder Legislativo, límites establecidos por Dios y la Naturaleza" (Jellinek, 2000:131) y, en ese momento, se realiza la transformación de las proposiciones de Locke: "de derechos objetivos en derechos subjetivos" (Ibidem).

No obstante, para Cappelletti, una de las preguntas más importantes, y apasionantes, es ¿cuál ha sido el precedente inmediato, o sea, el precedente en el cual más directamente puede haberse inspirado la institución norteamericana?, para lo cual responde que fue la supremacía del Parlamento inglés, las leyes de la colonia no debían ser contrarias al parlamento inglés, de ahí la fuerza de la supremacía de la ley inglesa (Cappelletti, 1987:53-56), no estoy de acuerdo con esa conclusión, creo que la respuesta correcta se encuentra también en la argumentación del jurista italiano cuando analiza la posición de Lord Edward Coke respecto a la supremacía del common law sobre las leyes del propio parlamento inglés, de ahí que Raz señala "otra alternativa [a especificar los derechos en el texto constitucional] es la invocación de doctrinas fundamentales del common law; aunque en un sentido formal la legislatura puede pasar por encima de este derecho, oficialmente se supone que no intentará hacerlo y por lo tanto los actos legislativos pueden ser 'interpretados' hasta volverlos irreconocibles a fin de que se adecuen a los derechos fundamentales (como es el caso del reino unido)" (Raz, 2001:68-69)

3.3 Críticas al Control Constitucional

No obstante, la práctica de esta institución en muchos países, hay una fuerte corriente de pensamiento que ha criticado la institución en el país de origen, el Juez Asociado de la Corte Suprema de los Estados Unidos, Stephen Breyer, establece que las tres críticas clásicas en contra de la facultad de los jueces de control constitucional a la legislación son en que este proceso de decisión judicial es: "undemocratic, subjective and impractical" (Breyer, 1999:165).

Cada una de estas críticas será estudiada por separado en los siguientes tres apartados, tomando en cuenta que la primera de ellas es la más extensa debido a ser la más estudiada y tal vez la más polémica.

3.3.1 El Control constitucional como institución antidemocrática

El planteamiento del problema en este apartado será una objeción en contra del control constitucional: "que la legislación judicial (judicial lawmaking) es inaceptable porque no es democrática" (Devlin, 1959:1-10, citado por Cappelletti, 1987:325)

Es necesario hacer la precisión de que los argumentos que se esgrimirán en este punto son propios de la filosofía política (vid. supra, ya en última instancia podemos señalar, siguiendo a Sadurski, lo siguiente:

Si la Constitución prevé el control judicial de la constitucionalidad –como la mayoría de los países europeos- el asunto es adjudicado a los autores de la Constitución, quienes son responsables de elegir esta elección institucional

Un ejemplo de esta crítica lo debemos, entre otros, a algunos profesores de la prestigiosa escuela de Derecho de Yale, el profesor Alexander M. Bickel ha denominado a esta facultad de control constitucional de leyes The Countermajoritarian Difficulty en su libro The Last Dangerous Branch. The Supreme Court at the Bar of Politics (Bickel, 1962:16-22).

Este autor señala que "la realidad cuando la Suprema Corte declara inconstitucional un acto legislativo o la acción de un ejecutivo electo, esto va en contra de la voluntad de los representantes de la gente de actualmente voto por ellos, el ejercicio de este control, no es a favor de las mayorías prevalecientes, sino en contra de ellas".

Igualmente, Roberto Gargarella lanza un reto interesante "Nuestros oponentes nos tendrán que convencer, por ejemplo, de que es deseable que jueces no electos por la ciudadanía, ni sujetos a una responsabilidad electoral inmediata, sigan decidiendo cuestiones sustantivas (por ejemplo, diciendo cómo se regula el aborto, diciendo cómo se pueden distribuir los recursos sociales, y cómo no, etc.)" (Gargarella, 1996: 265).

El análisis y alcance de éstos cuestionamientos (y de su defensa) está limitado por las concepciones que tengamos sobre conceptos clave como democracia, separación de poderes, constitucionalismo, voluntad popular, representación, dichos conceptos ya son de suyo controvertidos.

Existen muchas teorías que intentan elaborar una respuesta coherente a esas interrogantes, cuatro de corte general, me parecen ejemplificativas, por un lado, la teoría de Raz del bien común, la teoría de la constitución democracia deliberativa de Carlos Santiago Nino, la lectura moral de la constitución de Ronald Dworkin y la legitimidad del control constitucional según Mauro Cappelletti. Abordaré en otra más de Ackerman, de carácter especial ya que parte de sistemas jurídicos específicos de tres países para mostrar un número idéntico de modelos de control constitucional.

3.3.2 Raz y el bien común

Siguiendo al jurista Joseph Raz podemos señalar que una de las controversias históricas que se relacionan con el papel del control judicial de constitucionalidad se refiere a la cuestión de las relaciones entre los tribunales y la política. Dicho autor señala que la sabiduría ancestral nos indica que cuando dos respuestas son repetidamente puestas a prueba, y se prueba una y otra vez que no son completas, el error radica en la pregunta. (Raz, 2001: 69).

Raz argumenta que los tribunales sí participan en la política de hecho, señala que la "responsabilidad con respecto a los derechos fundamentales coloca a los tribunales en el centro de la arena política, y convierte su compromiso político en esencial para su capacidad de cumplir sus funciones" (Raz, 2001:69) desde su perspectiva los derechos fundamentales son parte esencial del bien común, señala que "La existencia de bienes comunes depende de un consenso generalizado. La relativa ausencia de conflicto de intereses del trasfondo de una tradición común convierten a los tribunales en el foro adecuado para la gestión de esta rama de la política" (Raz, 2001: 72).

Finalmente, podemos señalar que Raz da una imagen del poder judicial como conservador y radical al mismo tiempo, conservador "en su adhesión a los principios persistentes de la cultura política del país, que sólo cambian gradualmente" (Raz, 2001: 70) y radical "en cuanto a su disposición a capear las tormentas políticas, a enfrentar la impopularidad y la hostilidad de los grupos poderosos al mantenerse leales a tales tradiciones centrales, incluso en momentos en que los ciclos de la política vuelven a la mayoría, o a los poderes constituidos, ciegos a su valor"(Raz, 2001:71).

Con base en lo anterior, podemos señalar que Raz apoya la actividad del control constitucional como un foro en el cual se discutan cuestiones del bien común como pueden ser los derechos fundamentales.

3.3.3 Nino y la construcción de una democracia deliberativa

La descripción de Nino es también compleja y parte de un supuesto para él evidente, hay una contradicción de fondo entre lo que denominamos "democracia" y "derechos humanos", la primera representa una concepción de la mayoría y el segundo es un tema que debe ser aceptado unánimemente, el cual es ejercido por los jueces (Nino, 1997:25).

El reto, según Nino, es construir una teoría que combine estos dos ideales (democracia y derechos humanos), llegando a la conclusión de que ello se puede hacer a través del constitucionalismo, el cual también debe contemplar el respeto a lo que este autor denomina "constitución histórica" (Nino, 1997:25), este autor menciona que "el control judicial de constitucionalidad no se desprende lógicamente de la noción de supremacía constitucional, éste podría desprenderse del reconocimiento de una constitución ideal de los derechos individuales" (Nino, 1997:269).

Nino considera que el control constitucional en general no está sustentado; sin embargo, hay al menos tres excepciones: primero, la protección de las reglas del proceso democrático no se puede dejar al proceso mismo (Niño, 1997:273) ; segundo, existe una autonomía moral que permite a las personas elegir de ideales de excelencia personal y de planes de vida basados en ellos, las leyes podrían imponer estos ideales y sería inaceptable imponer a todos una moral pública (Nino, 1997:278-279); finalmente, los jueces pueden intervenir en forma justificada para invalidar una ley democrática a fin de proteger la convención constitucional que garantiza la eficacia de las decisiones democráticas mismas (Nino, 1997:280-281) .

Por ello, podemos considerar que Nino estaría en contra del Control constitucional de la legislación salvo en los tres casos señalados.

3.3.4   Dworkin y la lectura moral de la Constitución

Dworkin propone que ante el lenguaje muy amplio y abstracto de las derechos individuales señalados en la Constitución, todos "nosotros -jueces, abogados y ciudadanos- interpretamos y aplicamos estas cláusulas abstractas en el entendido de que al hacerlo invocamos principios acerca de la moralidad política y de la justicia" (Dworkin, 2002:4), de esta manera Dworkin se aleja de la doctrina originalista para interpretar la Constitución, enfatiza su posición en lo que Hart llamaría el aspecto interno del Derecho (Hart, 1978:110-111).

Para este autor, en respuesta a las críticas señaladas en este apartado, la "democracia significa un gobierno sujeto a condiciones – podríamos llamar a éstas las condiciones 'democráticas'- del estatus igual para todos los ciudadanos." (Dworkin, 2002:25).

Esta lectura moral explica por qué la fidelidad a la Constitución y al derecho demanda que los jueces hagan juicios actuales de moralidad política, y por lo tanto fomenta una exposición abierta de las bases verdaderas de la sentencia (Dworkin, 2002:50).

Por tanto, el que los jueces puedan ejercer el control constitucional no es más que una delegación de la democracia para lograr el estatus igual de ciudadanos.

3.4 La legitimidad del control constitucional según Mauro Cappelletti

El jurista italiano Cappelletti responde con cinco argumentos a Lord Devlin, autor que citamos para plantear el problema en este apartado, ver párrafo 0.

El primer argumento de la defensa se refiere a la gran crisis de legitimidad que tiene la institución de la representación en el mundo (Cappelletti, 1987:326).

Un segundo argumento complementario al primero señala que el nombramiento político por el Poder Ejecutivo (y en nuestro caso con aprobación del Senado) da una representación indirecta, la cual se refuerza con un constante diálogo a través de resoluciones bien motivadas y accesibles al público (Cappelletti, 1987:327-328).

El tercer argumento tiene como base que el control constitucional permite que los grupos políticos minoritarios tengan acceso real al poder, el control constitucional se vuelve una vía real para el acceso a las decisiones o un límite a ellas (Cappelletti, 1987:328)

Como cuarto argumento, señala la relación habitual entre los tribunales ordinarios y los Tribunales Constitucionales por medio de las cuestiones de constitucionalidad, les permite a los jueces estar en constante contacto con "personas vivas, hechos concretos y problemas reales de la existencia humana. En este sentido, la 'legislación judicial' tiene al menos el potencial de resultar muy democrática –fiel y sensible a las necesidades y deseos de la sociedad" (Cappelletti, 1987:333).

Como quinto y último argumento, Cappelletti señala que la democracia no se reduce a la regla de las mayorías, también significa "participación, libertad y tolerancia".

3.5 Los tipos de democracia aplicable al control constitucional

Bruce Ackerman y Carlos F. Rosenkrantz dan una descripción de Tres concepciones de la democracia constitucional (Ackerman, 1991:13-34), y, a partir de ellas, explican tres concepciones del control constitucional.

Las concepciones de la democracia que señalan estos autores son la dualista, monista y fundamentalista. La primera se refiere a que hay dos niveles de decisión, del pueblo y de gobierno, el país que ejemplifica esta práctica constitucional es los Estados Unidos, el control constitucional lo que hace es preservar las decisiones del pueblo e impedir que éstas sean erosionadas por las decisiones del gobierno (Ackerman, 1991:18); respecto de la teoría monista, los autores señalan que ejemplifica la tradición constitucional de Inglaterra, en la cual sólo hay decisiones de gobierno, en este caso cualquier control constitucional se toma por antidemocrático (Ackerman, 1991:19); y, por último, la concepción fundamentalista de la democracia, tomando como ejemplo a la tradición constitucional Alemán, en esta concepción los derechos no pueden ser tocados ni por el pueblo ni por el gobierno, la consecuencia para el control constitucional es no se violen los derechos, la diferencia con el dualismo es que éste pone su prioridad en el proceso democrático y el fundamentalismo en los derechos (Ackerman, 1991:22-25).

La pregunta que nos salta en este análisis es ¿cuál de estas concepciones de democracia y de derechos tenemos en México?, la respuesta es compleja pero podemos señalar en principio que se trata de una dualista ya que se tomaron muchos aspectos de la Constitución de los Estados Unidos y que tenemos dos procedimientos distintos una para la reforma constitucional y otro para la ley secundaria, pero observando más de cerca, es impresionante la diferencia en el número de reformas que han tenido, en México se ha reformado la Constitución en más de 500 ocasiones (contando reforma por artículo) mientras la de los Estados Unidos cuenta con 17 enmiendas.

En México, la Suprema Corte de Justicia de la Nación no tuvo facultades hasta 1994 para declarar nula una ley general, por ello, podemos afirmar que en principio era una concepción dual pero en la realidad se trataba de un monismo en el cual el legislador es soberano e intocable.

Considero que la discusión se dirige hacia las problemáticas más profundas del derecho: ¿existe realmente una norma fundamental o regla de reconocimiento o constitución histórica?, ¿Cuántas y cuáles teorías de la democracia se oponen o aceptan el control constitucional? (aunque, como sabemos de antemano, no pueden tener una única respuesta correcta).

3.5.1 El control constitucional como decisión subjetiva

Según el Juez Breyer el sólo hecho del lenguaje constitucional o la propia historia constitucional pueden cada uno "significantly constrain subjective decision making" (Breyer, 1999:158). No obstante, lo anterior, según este autor hay que poner en perspectiva esta crítica y expone cinco características del razonamiento jurídico que deben ser tomadas en cuenta de manera integral.

La primera consiste en la posibilidad del juez constitucional de encontrar una mejor decisión tomando en cuenta los siguientes aspectos: precedentes, lenguaje, estructura, historia, propósito y consecuencias; la segunda, es una visión de la Constitución como un todo coherente; la tercera, ver a la Constitución como un marco básico conceptual que presupone principios como el de rule of law, la responsabilidad democrática en la toma de decisiones, la protección de las libertades individuales, debido proceso legal, la igualdad de las personas, lo que permite una coherencia en discurso jurídico; la cuarta, tener en cuenta las consecuencias en el mundo "real" de la decisión; la quinta, es que el juez debe tener en cuenta que sus decisiones son bases de decisiones posteriores (Breyer, 1999:158-160).

Kelsen, desde el positivismo, señala que "…si se trata de principios que no han sido traducidos en normas de derecho positivo, sino que debieran serlo sólo porque son justos…entonces se trata de postulados que no son jurídicamente obligatorios" (Kelsen, 2001:78).

3.5.2 El control constitucional como decisión impráctica

Con el calificativo de decisión impráctica, el Juez Breyer la asocia con las posibilidades reales de ponerla en práctica administrativamente, y sus graves consecuencias si no se tiene conciencia de lo que ello implica, expone como ejemplo la cláusula de 'separate but equal' que permitió en los Estados Unidos durante mucho tiempo justificar la segregación racial en las escuelas por razón de color (Breyer, 1999:164-165).

3.6   Clasificación del control constitucional de leyes

Las diversas formas por las cuales se ejerce el control constitucional son básicamente dos: previo (control político del derecho) o posterior (control jurídico de la política) a la sanción de la norma, aunque la segunda puede subdividirse, a su vez, en dos más, denominados control difuso y control concentrado.

3.6.1   Sistema francés de control constitucional previo a la promulgación de la norma

El sistema francés fue el primero en proponer la incorporación de una especie de Tribunal Constitucional , sin embargo, como señala Gargarella "apenas concluida la revolución, la Asamblea Nacional decidió la abolición de las justicias señoriales, y poco después, en la ley del 16-24 de agosto de 1790, sostuvo explícitamente que los tribunales no podrían 'tomar parte directa o indirectamente [...] en el ejercicio del poder legislativo, ni impedir ni suspender la ejecución de los decretos del cuerpo legislativo [...] bajo pena de prevaricación" (Gargarella, 1996:97-98) Según el jurista Michel Troper, dicha propuesta fue realizada por el destacado jurista E. Sieyès para ser incluida en la Constitución, la cual fue rechazada por el Constituyente Francés por unanimidad (Troper, 2002). Lo cual también es apoyado por un artículo de Edgar Carpio publicado bajo el título Un antecedente del Tribunal Constitucional. El Jury Constitutionnaire (una lectura heterodoxa de Sieyés) (Carpio, 1999:565-615) .

El Consejo constitucional fue instituido por la Constitución de la Quinta República del 4 de octubre de 1958 y no se sitúa en la cúspide de ninguna jerarquía de tribunales judiciales o administrativos. En este sentido, no es un tribunal supremo (Véase sitio web oficial del Consejo Constitucional Francés, http://www.conseil-constitutionnel.fr/langues/espagnol/esp4.htm -consultada el 29 de agosto de 2004-).

Como opina acertadamente Cappelletti, este control tiene una naturaleza política ya que "viene a insertarse en el proceso mismo de formación de la ley" (Cappelletti, 1987:30).

Actualmente algunos tribunales constitucionales ejercen esta facultad previa insertar cuestiones constitucionales.

3.7 Sistema de control posterior a la promulgación de la norma

3.7.1 Control difuso o judicial review en Estados Unidos

Este control consiste en que "todos los órganos judiciales, inferiores o superiores, federales o estatales, tienen como se ha dicho el poder y el deber de no aplicar leyes inconstitucionales en los casos concretos sometidos a su juicio", el cual sumado a la característica del sistema common law del "stare decisis" permite que la decisión sustentada por la Supreme Court se vuelva obligatoria (Cappelletti, 1987:68-69).

3.7.2 Control concentrado

El creador de este sistema fue el jurista Hans Kelsen, en sus primeros escritos, este autor señala que

el control de la legislación y de la administración por los tribunales dentro de la monarquía constitucional, tiene una clara significación política. Realiza el deseo de tener dos ramas dentro del gobierno, allí donde influencia del monarca prevalece todavía, pero siempre controlada por órganos independientes de él (Kelsen, 1995:334).

Sin embargo, es en su libro La garantía jurisdiccional de la Constitución cuando analiza a detalle su propuesta que después será la base para el sistema implementado en Austria.

La gran preocupación de Kelsen era proteger la obligatoriedad de la Constitución y de sus contenidos, tanto formales como materiales, formales en cuanto a las facultades otorgadas a los órganos como materiales como por ejemplo las restricciones que impone la propia Constitución cuando establece los derechos individuales.

3.8 Competencia y límites del Control Constitucional

La pregunta que guiará este apartado es la siguiente: ¿se puede hacer la diferencia entre las materias que pueden ser revisadas por el control constitucional y aquellas que son de competencia exclusiva del poder legislativo?

Dworkin señala que el juez "se negará a sustituir su juicio por el de la legislatura cuando crea que la cuestión en juego es principalmente de política y no de principio" (Dworkin, 1992:279).

El doctor Fix-Zamudio señala que los Tribunales o Cortes constitucionales realizan:

una función jurisdiccional, inclusive cuando se trata de la impugnación de disposiciones generales, pues si bien en algunos ordenamientos sólo participan en el procedimiento de manera activa el promovente, ya sea autoridad pública o particular, y no siempre se convoca al órgano legislativo demandado a comparecer, las controversias respectivas se entablan entre dos intereses jurídicos contrapuestos (Fix, 2002:210).

El doctor Fix-Zamudio describe a los órganos autónomos constitucionales con funciones de carácter jurídico-político como aquellos "especializados en la resolución de conflictos directamente constitucionales, esto es, deciden en última instancia sobre la interpretación definitiva de los principios, valores o normas fundamentales". (Fix, 2002: 212)

3.9 Conclusiones

Primera. El control jurisdiccional de la constitucionalidad de las leyes nació en Estados Unidos con motivo de la sentencia Madison vs. Marbury en 1803.

Segunda. Existen dos grandes sistemas de control constitucional, anterior a la promulgación de la norma que es político y posterior, que es jurídico y dentro de este hay el centralizado (modelo de Kelsen) y el descentralizado (modelo de los Estados Unidos de América).

Tercera. Existen tres concepciones de democracia que corresponden a tres concepciones de control jurisdiccional de la constitucionalidad de las leyes, en primer lugar, el dualismo representado por los americanos, el monismo representado por Gran Bretaña y el fundamentalista representado por la República Federal de Alemania.

Cuarta. En el mundo ambos sistemas de control jurisdiccional se están fusionando, un ejemplo está en Europa en donde en el ámbito interno tenemos Tribunales Constitucionales y en donde también los jueces locales son jueces comunitarios con la posibilidad de dejar de aplicar una ley si va en contra del derecho comunitario (control descentralizado).

Quinta. México es un país en el cual el control jurisdiccional de la constitucionalidad de las leyes fue creado en 1995, por lo que habría que esperar para ver resultados claros.

3.10 Bibliohemerografía

Ackerman, Bruce y Rosenkrantz, Carlos F. (1991), "Tres concepciones de la democracia constitucional", Fundamentos y Alcances del Control Judicial de Constitucionalidad, Madrid, Centro de Estudios Constitucional

Alcalá Zamora Y Castillo, Niceto (1991), Proceso, autocomposición y autodefensa, México: UNAM.

Alexy, Robert (1993), Teoría de los derechos fundamentales, trad. de Ernesto Garzón Valdés, Madrid: Centro de Estudios Constitucionales.

Alexy, Robert (1995), Teoría del discurso y derechos humanos, trad. de Luis Villar Borda, Bogotá, Universidad Externado de Colombia, 138 pp.

Alexy, Robert (1997), Teoría de la argumentación jurídica. La teoría del discurso racional como teoría de la fundamentación jurídica, trad. de Manuel Atienza e Isabel Espejo, Madrid: Centro de Estudios Constitucionales, 346 pp.

Bickel, Alexander M. (1962), The Last Dangerous Branch. The Supreme Court at the Bar of Politics, Indianapolis-New York: The Bobbs-Merrill Company, Inc., 303 pp.

Breyer, Stephen, (1999), "Judicial Review: A practising Judge's Perspective", Oxford: Oxford Journal of Legal Studies, Vol. 19, pp. 153-165.

Burt, Robert A. (2002), Constitución y Conflicto, trad. de Mary Belfo y Andrés D'Alessio, Buenos Aires, Eudeba, 518 pp.

Cappelletti, Mauro, (1987), La justicia constitucional, México, UNAM, 357 pp.

Covián Andrade, Miguel (2013). Fundamentos teóricos del control de la constitucionalidad. México: Centro de Estudios de Ingeniería Política y Constitucional, A.C.

Dworkin, Ronald (1992), El imperio de la justicia. De la teoría general del derecho, de las decisiones e interpretaciones de los jueces y de la integridad política y legal como clave de la teoría y práctica, trad. Claudia Ferrari, Barcelona, Gedisa, 328 pp.

Farrell, Martín Diego (1998), El derecho liberal, Buenos Aires, Abeledo-Perrot, 203 pp.

Fix-Fierro, Héctor (2000), "Artículo 1o.", Derechos del pueblo mexicano. México a través de sus Constituciones, México, Cámara de Diputados-Miguel Ángel Porrúa, tomo I., pp. 5-89.

Fix-Zamudio, Héctor (2002), "Breves reflexiones sobre la naturaleza, estructura de funciones de los organismos jurisdiccionales especializados en la resolución de procesos constitucionales", Tribunales y justicia constitucional. Memoria del VII Congreso Iberoamericano de Derecho Constitucional, México, UNAM, pp. 201-238.

Gargarella, Roberto (1996), La justicia frente al gobierno. Sobre el carácter contramayoritario del poder judicial, Barcelona, Ariel, 279 pp.

Hart, H. L. A., (1978), El Concepto de Derecho, tr. Genaro R. Carrió, México, Editora Nacional, 332 pp.

Jellinek, Georg (2000), La Declaración de los Derechos del Hombre y del Ciudadano, trad. de **, México, UNAM, 176 pp.

Kelsen, Hans (1995), Teoría general del derecho y del Estado, trad. de Eduardo García Máynez, México, Universidad Nacional Autónoma de México, 448 pp.

Kelsen, Hans (), La garantía jurisdiccional de la Constitución

Lasso de la Vega, Javier (1958), Cómo se hace una tesis doctoral. Manual de técnica de la documentación científica, Madrid, Editorial Mayfe, pp. 585.

Lozano Miralles, Jorge (2000), El Tribunal Constitucional. Composición y principios jurídico-organizativos (el aspecto funcional), trad. de María Luz Melón, Valencia, Universidad de Jaén, Dipartimento di Organizzazione Aziendale e Amministrazione Pubblica, Università degli Studi della Calabria, 349 pp.

Macintyre, Alasdair, (1994), Historia de la Ética, trad. Roberto Juan Walton, Barcelona, Paidós, 259 pp.

Nino, Carlos Santiago (1997), La Constitución de la democracia deliberativa, Barcelona, Gedisa, 303 pp.

Peces-Barba Martínez, Gregorio (2001), "El Contexto Social y Cultural de los Derechos. Los Rasgos Generales de Evolución", Historia de los Derechos Fundamentales, t. II, volumen I, Madrid, Dykinson, S.L., 454 pp.

Raz, Joseph (2001), La ética en el ámbito público, Barcelona, Gedisa, pp. 442.

Rolla, Giancarlo (2002), Derechos fundamentales, Estado democrático y justicia constitucional, México, IIJ-UNAM, 180 pp.

Sadursky, Wojciech (2002), "Judicial Review and the Protection of Constitutional Rights", Oxford Journal of Legal Studies, vol. 22, N. 2, pp. 275-299.

Tamayo Salmorán, Rolando, (2003) Razonamiento y argumentación jurídica, México, Universidad Nacional Autónoma de México-Instituto de Investigaciones Jurídicas, 280 pp.
Tomás y Valiente, Francisco (1993), Escritos sobre y desde el Tribunal Constitucional, Madrid, Centro de Estudios Constitucionales, 288 pp.
Tropper, Michel (2002), Conferencia, Seminario Eduardo García Máynez, notas y apuntes, fecha 30 de septiembre de 2002.

Sitios Web
Consejo Constitucional Francés, http://www.conseil-constitutionnel.fr/langues/espagnol/esp4.htm -consultada el 29 de agosto de 2002-)

4 Los Bills of Rights norteamericanos

> El rey [James I] dijo que creía que el derecho se fundaba en la razón, y que él y otros tenían razón del mismo modo que los jueces. A esto respondí que ciertamente Dios había dado a su majestad excelente ciencia y grandes dotes naturales; pero que su majestad no estaba versado en las leyes de su reino de Inglaterra y que las causas que conciernen a la vida, o a la herencia, o a los bienes, o a las fortunas de sus súbditos no deben decidirse por la razón natural, sino por la razón artificial del derecho el cual es cosa que requiere largo estudio y experiencia antes que un hombre pueda alcanzar su conocimiento (Juez Coke citado por Rolando Tamayo y Salmorán, 1998:180-181)

Introducción

El tema específico de este trabajo serán las declaraciones norteamericanas de derechos, por su importancia en el reconocimiento positivo de los derechos. Me interesé en esta cuestión ya que me parece importante estudiar el momento en donde existe la transición del derecho natural al derecho positivo. Además, estoy convencido de la necesidad de profundizar entre la relación entre estos Bills of Rights y la propia Constitución Americana, dicha preocupación la comparten algunos profesores de prestigiosas universidades norteamericanas como Akhil Reed Amar de la Universidad de Yale que señala:

Para muchos americanos, las declaraciones de derechos son una pieza central de nuestro orden constitucional y todavía los estudiosos de la Constitución les falta una adecuada explicación de éstos.

Esto me será útil para entender cuál es la génesis de los derechos que se encuentran en las constituciones modernas, sin embargo, es necesario precisar que no estudiaré el antecedente francés, esto es, la Declaración de los Derechos del Hombre y del Ciudadano, aunque se harán algunas referencias con la finalidad de reforzar la argumentación.

En este contexto, los objetivos de la presente investigación son: a) analizar los antecedentes ingleses de los Bills of Rights norteamericanos; b) examinar la concepción filosófica-política de dichos documentos; c) estudiar la finalidad de esas declaraciones norteamericanas; d) estudiar sus repercusiones prácticas en las Constituciones posteriores.

La pregunta inicial del documento es la siguiente: ¿cuál es el papel de las declaraciones de derechos norteamericanas en la historia de los derechos humanos? De la cual se derivan otras, entre ellas: a) ¿cuáles son los antecedentes de las declaraciones de derechos norteamericanas?; b) ¿cuál es el contexto ideológico de las declaraciones de derechos norteamericanas?; c) ¿cuál es el contenido de las declaraciones?

Como hipótesis podemos afirmar que existe un papel determinante de los bills of rights norteamericanos en el proceso de eclosión de los derechos humanos.

Este análisis me permitirá conocer a fondo las repercusiones del iusnaturalismo racionalista en los inicios del constitucionalismo norteamericano.

La técnica de investigación es la documental.

El trabajo inicia señalando los antecedentes ingleses de los bills of rights, así como algunas instituciones importantes que dieron vida posteriormente a dichos documentos.

Posteriormente, se realiza un estudio del contexto ideológico, especialmente del iusnaturalismo racionalista y su influencia en la positivación de los derechos.

En el capítulo tercero, se analiza cuáles son las principales aportaciones de los Bills of Rights norteamericanos en virtud de sus contenidos.

Finalmente, se cierra el trabajo con algunas conclusiones sobre el tema y se incluyen las referencias bibliográficas utilizadas en el presente trabajo.

4.1 Antecedentes ingleses

4.1.1 Planteamiento

Existen varias formas de fundamentar los derechos humanos, Mauricio Fioravanti señala tres modelos: historicista, individualista y estatalista (Cf. Maurizio Fioravanti, 1996:25-53). Dentro de estos tres modelos el que nos interesa para esta investigación es el primero de ellos, ya que los antecedentes de los Bills of Rights americanos los podemos encontrar en la contribución histórica de Inglaterra al constitucionalismo. En este aspecto se concentrarán las reflexiones de los siguientes párrafos.

4.1.2 Antecedentes remotos

Los antecedentes ingleses de los Bills of Rights norteamericanos se pueden dividir en sustantivos que regulan directamente derechos y en adjetivos como los procedimientos que garantizan la protección de ciertos derechos.

4.1.2.1 Aspectos sustantivos

En cuanto a los aspectos sustantivos, la mayoría de los autores concuerdan en que los antecedentes en materia libertaria y su tutela tienen un pasado común desde la Magna Charta de 1215 a la Petition of Rights de 1628, el Habeas Corpus Act de 1679, el Bill of Rights de 1689, sin embargo, siguiendo a Fioravanti, no existe una "solución de continuidad", pero podemos ver el nacimiento de lo que después se conocerá como due process of law (Maurizio Fioravanti, 1996:31-32).

No obstante, Jellinek menciona que existe un "abismo" entre las declaraciones americanas y las inglesas citadas en el párrafo anterior, ya que

las leyes inglesas están muy lejos de querer reconocer los derechos generales del hombre; no tienen ni la fuerza ni la intención de limitar los factores legislativos, ni tampoco tratan de formular principios para una legislación del provenir (Georg Jellinek, 2000).

Jellinek tiene razón en las características señaladas en la cita, en especial, la "intención de limitar los factores legislativos"; pero las leyes inglesas si reconocían ya ciertos derechos, por ejemplo, en el estudio de Jean Louis de Lolme denominado La Constitución de Inglaterra, publicado en su primera edición en francés en 1771, y, recientemente, recuperado por el Centro de Estudios

Constitucionales en 1992 (Jean Louis De Lolme, 1992), se establecen algunas referencias sobre aspectos sustantivos como son la libertad privada:

La libertad privada, según la división que hacen los jurisconsultos ingleses, consiste, primero, en el derecho de propiedad: esto es, en el derecho de disfrutar exclusivamente los bienes de fortuna, y los varios frutos de la industria propia; En segundo lugar, en el derecho de seguridad personal. En tercer lugar, en la facultad loco motiva (Jean Louis De Lolme,1992:157)

En cuanto a la libertad de imprenta señala:

La libertad de imprenta, según se halla establecida en Inglaterra, consiste, pues (definiéndola con más precisión) en que ni los tribunales de justicia, ni otros jueces, sean los que fueren, pueden informarse anticipadamente de lo que se va a imprimir; sino que tienen que ceñirse a lo que está ya impreso, y en estos casos deben proceder por juicio de jurados (Jean Louis De Lolme, 1992:225)

En cuanto al derecho de resistencia del pueblo como "fundamento perdurable de la libertad inglesa: y con la fuerza se reprimieron los excesos de una autoridad establecida por la fuerza" (Jean Louis De Lolme, 1992:232).

El texto hace referencia a otras libertades como por ejemplo la religiosa que por razón de espacio no abundaremos (Jean Louis De Lolme, 1992:304).

4.1.2.2 *Aspectos adjetivos (la epopeya judicial)*

Respecto de los aspectos adjetivos, Rolando Tamayo y Salmorán opina que la gran contribución de Inglaterra a la defensa y garantía de la supremacía del derecho fue lo que él denomina epopeya judicial los cuales hicieron posibles dos instrumentos judiciales más significativos entonces logrados por el sistema jurídico inglés: la equity y el writ de habeas corpus (Rolando Tamayo y Salmorán, 1998:177).

Según el profesor Tamayo, el mecanismo de la equity es el siguiente:

Si se le causa un perjuicio a alguien y no existe solución en los writs existentes, entonces se pedirá al rey (en realidad, al Lord Chancellor y, después, a cualquier tribunal de equity) que intervenga para que proporcione la solución que los tribunales ordinarios...no pueden proporcionar (Rolando Tamayo y Salmorán, 1998:176-177)

En cuanto al writ de Habeas corpus se considera que es el más importante recurso procesal del sistema inglés en beneficio de la persona, en palabras del mismo autor:

El writ de habeas corpus ordena a cualquier funcionario o persona que mantenga a alguien preso o detenido llevar al individuo (el "cuerpo") al tribunal para que se determine si la prisión o detención es conforme a derecho (Rolando Tamayo y Salmorán 1998:177)

Además de la defensa directa de los derechos por parte de autoridades judiciales, es necesario también hacer notar que en general la jurisprudencia fue, siguiendo a Fioravanti, el verdadero factor de unidad: "los jueces, y no los príncipes, y los legisladores, los que construyen el derecho común inglés –el célebre common law-, la ley del país" (Maurizio Fioravanti, 1996:32). Lo cual es reforzado por epígrafe señalado al inicio.

Según el análisis realizado en este rubro es difícil separar sólo el aspecto sustantivo y adjetivo de la protección de los derechos, es necesario incluso hacer una reflexión de estos elementos en armonía con algunos principios como el de división de poderes, supremacía del derecho, entre otros.

La relación de la epopeya judicial con las ideas políticas y filosóficas será estudiada en el siguiente apartado.

4.2 El contexto ideológico, político y filosófico de los derechos humanos

4.2.1 Planteamiento

Detrás de los bills of rights norteamericanos existe también toda una ideología que es necesario estudiar. Es necesario ver la influencia del pensamiento de Locke, entre otros, así como el análisis correspondiente de la postura iusnaturalista y su influencia en dichos documentos.

4.2.2 Locke y el iusnaturalismo: su influencia en los bills of rights norteamericanos y en el constitucionalismo

Por ejemplo, siguiendo a Celso Lafer podemos señalar que "existe una relación abierta entre la teoría política de Locke y los principios que inspiraron la tutela de los derechos fundamentales del hombre en el constitucionalismo" (Celso Lafer, 1994:141).

Luis Prieto Sanchís señala que la influencia de Locke en América es sobradamente conocida, y cita un interesante pasaje que se relaciona con los derechos y el Estado:

...El estado es una sociedad de hombres instituida con la única mira del establecimiento, conservación y desenvolvimiento de sus intereses civiles. Llamó a intereses civiles la vida, la libertad, la salud del cuerpo, la posesión de bienes exteriores, tales como son el dinero, las tierras, las casas (Luis Prieto Sanchís, 2003:39).

Siguiendo a este mismo autor podemos decir que "la fisonomía de los derechos que encontramos en las Constituciones de los distintos estados resulta adscribible a la tradición iusnaturalista, sobre todo la versión de Locke" (Luis Prieto Sanchís, 2003:43).

Prieto Sanchís resume su posición señalando que "progresivamente se va asentando la idea de que la Constitución es un acto fundacional que tiene por objeto hacer la protección de los derechos naturales el fundamental límite del gobierno" (Luis Prieto Sanchís, 2003:45).

La imposición de estos derechos naturales en la constitución como límite al gobierno se estudiará en el siguiente rubro.

4.2.3 Bill of Rights y Constitución

Según Celso Lafer los derechos de la declaración de Virginia son derechos de primera generación ya que se basan en "una demarcación clara entre Estado y no Estado, fundamentada en el contractualismo de inspiración individualista" (Celso Lafer, 1994:146). Son derechos inherentes al individuo puesto que preceden al contrato social.

Prieto Sanchís señala que la influencia del iusnaturalismo racionalista en el primer constitucionalismo se manifiesta "en el sentido enteramente nuevo que adoptan los derechos y el propio poder político" (Luis Prieto Sanchís, 2003).

Para Akhil Reed Amar existen muchas conexiones originales entre los Bill of Rights y la Constitución norteamericana original, uno de sus principales argumentos es que tradicionalmente el estudio de los derechos y el análisis de la estructura de gobierno se han realizado de forma separada, lo cual impide ver cómo eran concebidos los Bill of Rights (Akhil Reed Amar, 1991:1132-1133). Un ejemplo de ello lo expone Rolando Tamayo y Salmorán cuando establece que la inmovilidad de los jueces fue fundamental para protección de la libertad -aspecto formal de la estructura relacionado con un aspecto material de los derechos- (Rolando Tamayo y Salmorán, 1998:181).

4.3 El Bill of Rights de la Constitución norteamericana y sus predecesores

El Estado de Virginia fue el primero que el 29 de junio de 1776 adoptó una Constitución, la cual llevaba a manera preámbulo, un solemne Bill of Rights, y su autor fue Jorge Mason, según Jellinek esta declaración sirvió de "verdadero modelo" para todas las demás (Georg Jellinek, 2000:93).

Este autor señala que antes de 1789 y después de la Virginia todavía se formularon declaraciones expresas de Derechos en las Constituciones de:
- Pennsylvania de 28 de septiembre de 1776.
- Maryland de 11 de noviembre de 1776.
- Carolina del Norte de 18 de diciembre de 1776
- Vermont de 8 de julio de 1777
- Massachussets de 2 de marzo de 1780
- Nuevo Hampshire de 31 de octubre de 1783, puesta en vigor el 2 de junio de 1784 (Georg Jellinek, 2000:94)

4.3.1 El original Bill of Rights y sus principales cambios

Ahora bien, es necesario señalar que el primer congreso norteamericano propuso un Bill of Rights que contenía doce enmiendas, pero sólo las diez últimas fueron aprobadas (Akhil Reed Amar, 1991:1134).

La primera enmienda se encontraba redactada en los siguientes términos:

Artículo primero... Después de la primera enumeración requerida por el primer artículo de la Constitución, habrá un representante por cada treinta mil, hasta que sean cien, si rebasa este límite, la proporción podrá ser regulada por el Congreso, pero no podrá ser menor que 100 representantes...

Esta enmienda se refería a cuestiones estructurales de derechos políticos, y su objetivo era reducir el riesgo general de la falta de una representación directa, en realidad, era una garantía a la institución de la representación.

La enmienda segunda se había redactado de la siguiente manera:

Artículo segundo. Ninguna Ley que variara la compensación por los servicios de los senadores y representantes será válida

Esta segunda enmienda también se trataba de una cuestión estructural, la cual garantizaba el ingreso económico de los legisladores.

Finalmente, estas dos enmiendas no fueron aprobadas por el primer congreso constituyente norteamericano y la tercera enmienda original pasó a ser la primera que actualmente rige en ese sistema jurídico.

4.4 El contenido del Bill of Rights norteamericano

4.4.1 Planteamiento

En el presente rubro analizaré cómo fue estructurada el Bill of Rights en la Constitución de los Estados Unidos de América, cuáles fueron sus contenidos y alcances.

4.4.2 Los derechos fundamentales consagrados en el Bill of Rights

Es importante recordar, siguiendo a Frank C. Newman, el estrecho vínculo entre los Bills of Rights y las Constituciones escritas, los cuales ayudan a una interpretación de la Constitución en su conjunto (Frank C. Newman, 1991:731).

Deborah Jones resume de la siguiente manera los derechos contenidos en el Bill of Rights:

Las primeras diez enmiendas de la Constitución enumeran más de dos docenas de derechos fundamentales. Libertad de Religión, Libertad de Opinión, seguridad jurídica en contra de persecuciones y detenciones arbitrarias, el derecho a tener asistencia legal en asuntos criminales, el derecho a la no autoincriminación, prohibición de penas crueles e inusuales

4.4.3 La discusión sobre derechos individuales o derechos de las mayorías

Akhil Reed argumenta en contra de la posición establecida en el rubro anterior en el cual se señala que se trata exclusivamente de derechos individuales aquellos establecidos en el Bill of Rights, su análisis inicia con una interpretación "holística" de los derechos, su principal razonamiento lo centra en el hecho de que la finalidad de la mayoría de los derechos establecidos en los documentos es proteger a la mayoría en contra de la minoría y no viceversa como tradicionalmente se ha planteado (Akhil Reed Amar, 1991).

Dicho autor señala que la piedra angular de esos derechos es la soberanía que tiene el pueblo al seguir utilizando el mismo término para referirse en las 10 primeras enmiendas al sujeto beneficiario de los derechos, esto es: "the people". En otras palabras, señala que el constitucionalismo tiene como base la decisión mayoritaria y que han sido los jueces con una interpretación moderna y errónea de estos principios originarios los que han hecho prevalecer la interpretación de que se trata de derechos individuales de la minoría en contra de la mayoría.

Contra esta clase de objeción debemos señalar que esto puede ser cierto, los jueces han tomado un camino distinto a aquél que el constituyente originario previó, no obstante, siempre tendremos, siguiendo a Carlos Nino, dos tipos de interpretación de la norma, el originalista (poniendo el énfasis en el autor de la norma – o sea el legislador-) o el realista -estableciendo como punto de partida la decisión del juzgador en base al contexto actual- (Carlos Santiago Nino, 1997), de acuerdo con Nino el profesor Akhil Reed estaría tomando una posición originalista y los jueces norteamericanos una posición realista, ahora bien, estos son dos paradigmas totalmente distintos, la pregunta será y cuál de estas posiciones tendremos que elegir, la respuesta tal vez deberá ser buscada en aquella que haya solucionado mayores problemas a la sociedad, no obstante, el problema será dejado como una línea de investigación para un trabajo con mayor extensión.

4.5 Reflexiones en cuanto a sus alcances

Concordamos con Jellinek en el sentido de que los Bills of Rights norteamericanos fueron el paradigma incluso para la formulación de la Declaración de los Derechos del Hombre y del Ciudadano de Francia, la gran contribución al nacimiento del constitucionalismo no puede pensarse sin la elaboración de estos documentos (Cfr. Georg Jellinek, 2000).

Las principales proclamas son poner un límite incluso al legislador (a la soberanía), considero que esto permitió que en 1803 se diera la decisión en el caso Marbury vs Madison que dio inicio al Judicial Review en los Estados Unidos de América o la Justicia Constitucional como le denominamos los países de habla hispana.

El hecho de contar con unos derechos establecidos en una Constitución escrita y obligatoria, superior a las demás leyes, es un paso importante para la seguridad jurídica del sistema jurídico de ese país, el llamado control difuso de la constitucionalidad de las leyes sigue teniendo sus repercusiones incluso ahora en la conformación de la justicia de la Unión Europea.

Considero que Estados Unidos de América en su régimen interno es sólido debido a la relación entre derechos y las decisiones políticas fundamentales como son la división de poderes, soberanía, federalismo.

Los temas anteriormente señalados no se pueden estudiar de manera aislada, siempre es necesario vincularlos para así comprender la trascendencia de los derechos en el entramado institucional.

4.6 Conclusiones

Primera. Las declaraciones inglesas fueron antecedentes de las norteamericanas, sin embargo, las segundas tienen características especiales, la más importante de ellas es que tenían como finalidad la limitación incluso del legislador.

Segunda. El paso del iusnaturalismo racionalista al positivismo se realizó al establecer solemnemente un Bill of Rights como enmiendas a las Constitución norteamericana.

Tercera. Antes de la proclamación del solemne Bill of Rights de la Constitución norteamericana, algunos Estados de la Unión expidieron los propios, siendo el primero el Estado de Virginia y, posteriormente, Pennsylvania, Maryland, Carolina del Norte, Vermont, Massachusetts y Nuevo Hampshire.

Cuarta. El texto original presentado en el primer congreso constituyente constaba de doce enmiendas y sólo fueron aprobadas 10, las dos primeras fueron rechazadas. Dichas enmiendas versaban sobre garantías institucionales, la primera sobre el número mínimo y máximo de representantes por ciudadano y la segunda como una garantía en la remuneración económica a los legisladores.

Quinta. Las primeras diez enmiendas de la Constitución americana protegían importantes derechos como son el derecho de expresión, de imprenta, religiosa, protección en contra de penas inhumanas, seguridad en contra de cateos, el derecho de un abogado en los juicios criminales, el derecho a la no autoincriminación, entre otros. Sin embargo, dichos derechos se proclaman del pueblo, por lo que alguna interpretación originalista puede pensar que ésta es la raíz de que los derechos se encuentren supeditados a lo que apruebe la mayoría.

4.7 Bibliohemerografía

De Lolme, Jean Louis (1992), Constitución de Inglaterra. Madrid: Centro de Estudios Constitucionales.

Fioravanti, Maurizio (1996), Los Derechos Fundamentales. México: Trotta.

Jellinek, Georg (2000), La Declaración de los Derechos del Hombre y del Ciudadano. México: UNAM.

Lafer, Celso (1994), La Reconstrucción de los Derechos Humanos. México: Fondo de Cultura Económica.

Merritt, Deborah Jones (1991), "What's Missing From the Bill of Rights?" 1991 U Ill. L. Rev. 765 University of Illinois Law Review 765.

McAfee, Thomas B. (1998), "The Federal System as Bill of Rights: Original Understandings, Modern Misreadings," 43 Vill. L. Rev. 17(Bill of Rights) Villanova Law Review 17.

Newman, Frank C. (1991), "Introduction: The United States Bill of Rights, International Bill of Human Rights, and Other "Bills"," 40 Emory L. J. 731 Emory Law Journal 731 (Summer, 1991).

Prieto Sanchís, Luis (2003), La Justicia Constitucional y Derechos Fundamentales. Madrid: Trotta.

Reed Amar, Akhil (1991), "The Bill of Rights as a Constitution" 100, Yale LJ 1131 Yale Law Journal 1131 (March/1991).

Tamayo y Salmorán, Rolando (1998), Introducción al Estudio de la Constitución. México: Fontamara.

5 La legitimidad activa en el control constitucional de leyes. Casos México y España

Introducción

Este trabajo se encuadra en el contenido del punto dos, referente a los procesos constitucionales, del programa de contenidos del curso La protección jurisdiccional de los derechos fundamentales.

El tema específico de este documento será la legitimación activa en la justicia constitucional, en concreto, en el recurso de inconstitucionalidad español y en el control constitucional mexicano. Me interesé en esta cuestión ya que me parece importante estudiar a los sujetos facultados para iniciar dichos procesos constitucionales. Además, estoy convencido de que este tema es vital para entender la magnitud de la defensa de los derechos humanos en un orden jurídico determinado.

Esto me será útil para precisar cómo se encuentran diseñadas las instituciones para intervenir en los procesos de justicia constitucional, no obstante, por las limitaciones de espacio, sólo tocaremos algunos de los temas más importantes.

En este contexto, los objetivos de la presente investigación son: a) Analizar qué es la legitimación activa en el control abstracto de leyes, en especial, en el recurso de inconstitucionalidad español y en la acción de inconstitucionalidad mexicana; b) examinar el fundamento jurídico y político del alcance de dicha legitimidad; c) estudiar su repercusión práctica en un orden jurídico concreto.

La pregunta inicial del documento es la siguiente: ¿cuál es el papel de legitimación en el recurso de inconstitucionalidad español y en la acción de inconstitucionalidad mexicana? De la cual se derivan otras, entre ellas: a) ¿qué es la legitimidad activa?; b) ¿cuál es la finalidad de la legitimidad en relación a los procesos de justicia constitucional?; c) ¿cuál es la repercusión práctica del tema en un orden jurídico específico?

Como hipótesis podemos afirmar que existe un papel determinante de la legitimación activa en el diseño de las instituciones y la eficacia de los procedimientos de justicia constitucional depende en gran parte de esta decisión, en especial cuando hablamos del recurso de inconstitucionalidad.

La técnica de investigación es la documental.

El trabajo inicia señalando las cuestiones generales de la relación entre derecho procesal y derechos humanos, así como de la legitimación activa dentro de este tema.

Posteriormente, se realiza un estudio del diseño institucional y la importancia de la legitimación es este diseño.

En el capítulo tercero, se analiza cuáles son las repercusiones prácticas del punto anterior y se hace un estudio más concreto de los mecanismos procesales español y mexicano.

Finalmente, se cierra el trabajo con algunas conclusiones sobre el tema y se incluyen sólo las referencias bibliográficas utilizadas en el presente trabajo.

5.1 Derecho procesal y derechos humanos

El maestro Fix Zamudio, en su obra La Protección Procesal de los Derechos Humanos, propone una clasificación que pueda servir en forma exclusiva para los instrumentos procesales de los derechos humanos, y los divide en "indirectos, complementarios y específicos", y los resume de la siguiente manera:

a) Los remedios procesales indirectos son aquellos que están dirigidos a la protección de los derechos de carácter ordinario, pero que en forma refleja pueden utilizarse para la tutela de los derechos fundamentales…

b) Como instrumentos procesales entendemos aquellos que, si bien no han sido estructurados para proteger los derechos del hombre, se utilizan para sancionar la violación de los mismos…

c) Los medios procesales específicos, son aquellos que se han configurado para otorgar una protección rápida y eficaz a los derechos fundamentales, de manera rápida y generalmente con efectos reparadores… (Héctor Fix Zamudio, 1982)

La que nos interesa desarrollar en este documento es la tercera de ellas, llamada por el procesalista italiano Mauro Cappelletti La jurisdicción constitucional de la libertad (Mauro Cappelletti, 1987), aunque un término más reciente es el de justicia constitucional.

Como sabemos existen muchos tipos de justicia constitucional la cual consiste, el doctor Héctor Fix Zamudio menciona los siguientes:

El contencioso electoral sobre los órganos estatales de mayor nivel; el control sobre la admisibilidad de las iniciativas populares y del referéndum; los conflictos de atribución entre los órganos constitucionales y aquellas entre los Estados centrales y sus entidades regionales o federativas y también de estos entes territoriales entre sí; así como también la llamada justicia política, o sea de la responsabilidad derivada de las infracciones cometidas por los titulares de los órganos estatales de mayor jerarquía en el ejercicio de su encargo, entre otras (Héctor Fix Zamudio, 2002:222).

Sin embargo, para efectos del siguiente trabajo, sólo estudiaremos dos instrumentos procesales como son el recurso de inconstitucionalidad español y la acción de inconstitucionalidad mexicana; aunque hay que tener en cuenta que el primero se divide a su vez en recurso de inconstitucionalidad en sentido estricto, y en segundo lugar a través de la cuestión de inconstitucionalidad (Héctor Fix Zamudio, 1982:199-200).

En principio se podría objetar que estas instituciones procesales no son exclusivamente de protección de derechos humanos, sin embargo, extendiendo la protección de estos derechos también al principio de legalidad se está protegiendo a toda la Constitución.

Además, es importante señalar siguiendo a Mantilla Mantos que históricamente el sistema norteamericano del judicial review tuvo por objeto la protección de las minorías y en cuanto al sistema europeo su "desarrollo y consolidación tras la segunda guerra mundial se imbrica a la afirmación de la democracia pluralista frente a los totalitarios" (José A. Mantilla Martos, 2002:86), con ello considero que se justifica la relación entre el tema de legitimación procesal activa en el control abstracto de constitucionalidad y la protección directa de los derechos humanos.

5.2 La legitimación activa en la justicia constitucional

En este apartado definiremos el término legitimidad y analizaremos la repercusión de las concepciones de justicia constitucional en la concreción de la legitimación activa.

5.2.1 Concepto de legitimidad o legitimación en la dogmática procesal

Según Rolando Tamayo y Salmorán, en la dogmática procesal "legitimidad" o en su caso legitimación alude, en principio, a los procedimientos o bien a las condiciones o requerimientos para poder actuar en derecho, manteniendo el sentido de 'justificación' o 'fundamentación'. En este sentido se habla de 'legitimación' para obrar indicando la posesión de un interés jurídicamente justificado (Rolando Tamayo y Salmorán, 1989:1943).

Igualmente, se puede hacer la distinción entre legitimación ad causam y de legitimación ad processum (Rolando Tamayo y Salmorán, 1989:1943), la que nos interesa en este trabajo es la segunda de ellas.

Como ya se mencionó, existen muchísimas formas de justicia constitucional, sin embargo, una de las más representativas es el control abstracto de la constitucionalidad de las leyes, la cual se puede ver concretada en el recurso de inconstitucionalidad.

Son varias las cuestiones que condicionan el modelo institucional de la legitimación activa en la justicia constitucional. La primera y más importante es la concepción de justicia constitucional que se encuentre plasmada en concreto en el orden jurídico.

5.2.2 Opinión de Luis Prieto Sanchís

Luis Prieto Sanchís nos menciona los presupuestos doctrinales e ideológicos que se encuentran detrás de los tipos de control constitucional como el difuso y el concentrado (Luis Prieto Sanchís, 2003:21-100).

De manera general podemos establecer que la interpretación americana plasmada en el control difuso considera a la Constitución como una ley más, sin embargo, jerárquicamente superior a las demás, esto tiene como consecuencia de que el juez al resolver un caso tenga que aplicar la "ley" superior (Luis Prieto Sanchís, 2003:52), la repercusión de esta perspectiva en el tema del presente trabajo es el hecho de que entonces cualquier persona que pueda acudir a cualquier juez considerado imparcial y neutro, tiene la protección no sólo de la ley sino también de la Constitución, de ahí que se le llame control difuso y la legitimidad activa para exigir el control constitucional abstracto de cualquier norma inconstitucional puede tenerla cualquier ciudadano.

A juicio de Prieto Sanchís, el modelo kelseniano expresa la culminación del Estado de derecho europeo, en el cual dentro de sus principales características se encontraba el respecto al legislador, según esta posición

...el juez constitucional debe ser un tercero imparcial llamado a verificar un juicio de compatibilidad lógica entre dos productos normativos acabados, la Constitución y la ley, sin que en su juicio deban pesar ni los intereses o valoraciones que pudo tomar en consideración el legislador, ni aquellos otros que ha de tener el juez ordinario a la hora de resolver un caso concreto (Luis Prieto Sanchís, 2003:86)

La consecuencia de esta posición para la legitimación es distinta, en principio se cierra a los particulares la legitimidad activa para activar este procedimiento de justicia constitucional.

En el capítulo siguiente ahondaremos más en esta segunda concepción debido a que tanto el sistema español como el mexicano han adoptado el modelo kelseniano antes que el americano.

5.3 La legitimación activa en el control concentrado de la constitucionalidad de las leyes, en el sistema kelseniano

En este apartado se analizará la importancia de la legitimación activa en el control constitucional abstracto de normas propuesto por Hans Kelsen.

5.3.1 Los orígenes

Kelsen es el autor del sistema concentrado de control constitucional abstracto de normas y el que propuso la existencia de un Tribunal Constitucional como órgano especializado e imparcial para resolver la inconstitucionalidad de leyes, incluso llegó a llamar a esta institución un "legislador negativo" (Kelsen, 2001:56).

5.3.2 Kelsen y la legitimación activa

Kelsen manejaba que la garantía jurisdiccional de la Constitución no podía ser una cuestión sólo para el interés privado, era necesario tratarla como una cuestión de carácter público, en palabras de Kelsen:

La cuestión del modo de iniciar el procedimiento ante el tribunal constitucional tiene una importancia primordial: de la solución que se dé a este problema depende principalmente la medida en la que el tribunal constitucional pueda cumplir su misión de protector de la Constitución (Kelsen, 2001:87)

5.3.3 La actio populares

El propio autor consideraba que la más fuerte garantía consistiría en autorizar la actio populares, sin embargo, no puede llevarse a cabo por el peligro de acciones temerarias y el riesgo de congestionamientos de procesos (Kelsen, 2001:87-88).

Este peligro es real, considero que un ejemplo es lo que podría suceder en Europa con el Tribunal Europeo de Derechos Humanos y el tipo de sistema que están adoptando, a la larga puede llegar a paralizar el sistema debido al número creciente de casos.

A este respecto, Kelsen es preciso cuando señala "aquí se trata no de un derecho de acción abierto directamente a los particulares, sino de un medio indirecto de provocar la intervención del tribunal constitucional" (Kelsen, 2001:89).

5.3.4 Iniciación de oficio

En su esquema, Kelsen propone que el tribunal constitucional pueda iniciar de oficio el procedimiento de control de constitucionalidad (Kelsen, 2001:90), y expone un ejemplo específico e interesante: "Cuando…llamado a examinar la legalidad de un reglamento, el tribunal se encuentra con la inconstitucionalidad de la ley con la cual el reglamento está en contradicción" (Kelsen, 2001:90)

5.3.5 La legitimación activa de la minoría política

Otra de las propuestas concretas del autor sobre los sujetos que deben tener legitimación activa es la posibilidad de que una "minoría calificada" del Parlamento tenga ese derecho, lo cual, a juicio de dicho jurisconsulto, tiene como finalidad la protección de las minorías en las democracias parlamentarias (Kelsen, 2001:90).

El profesor José A. Mantilla Martos hace un excelente resumen de la regulación de la legitimación activa en algunos países que son más cercanos al sistema jurídico español, en los siguientes términos:

En Alemania, el artículo 93.1.2 de su Constitución habilita a un tercio de los miembros del Bundestag; en Austria, tras la reforma constitucionalidad de 1975, están legitimados para instalar el control de constitucionalidad de las leyes federales un tercio del Consejo Nacional (Nationalrat) o, desde 1988, también el Consejo Federal (Bundesrat), así como las minorías de los parlamentos de los Länder, siempre que lo reconozcan las distintas Constituciones; finalmente, en Portugal, el artículo 281.2 f) de la Constitución atribuye la legitimación activa para el control abstracto posterior de cualquier norma de fiscalización a "un décimo de los diputados de la Asamblea de la República". En los tres casos gozan de legitimación activa un porcentaje de los miembros del órgano parlamentario (José A. Mantilla Martos, 2002).

Al contrario de cómo sucede en España que la cuota es fija, esto es 50 diputados o 50 senadores (artículo 162.1 a)) .

5.3.6 Sobre el concepto de la minoría político-parlamentaria

Consideramos adecuado el término "minoría político-parlamentaria" que siguiendo al profesor Mantilla Martos es más conveniente que el de oposición, y lo define como "la agrupación de parlamentarios, pertenecientes generalmente al número más numeroso de la oposición, formada a los efectos de recurrir la constitucionalidad de una actuación de la mayoría parlamentaria-gubernamental" (el resaltado es mío, José A. Mantilla Martos, 2002:18), además hay que considerar que el ser oposición no es una condición necesaria y suficiente para cubrir el número solicitado por la Constitución y tampoco la oposición es sujeto legitimado activamente para interponer el recurso.

Este mismo autor menciona que la minoría tiene no sólo el derecho sino también la obligación ya que como ha señalado el Tribunal Constitucional federal alemán "La minoría tiene una opinión política pero también una opinión jurídica-constitucional y las cuestiones constitucionales conflictivas entre mayoría y minoría deben ser conducidas al Tribunal Constitucional (BVerfGE 2, 143, 170)" (José A. Mantilla Martos, 2002:19).

Por último, es necesario resaltar la idea de Mantilla Martos sobre el "carácter instrumental primario de la tutela de las minorías, específicamente de la minoría política, a través de la participación en el proceso constitucional, pero, a su vez, la posibilidad de 'instrumentalización política' de la jurisdicción constitucional que provoca" (José A. Mantilla Martos, 2002).

En el próximo capítulo se comparará el sistema español con el mexicano.

5.4 La legitimación activa en el recurso de inconstitucionalidad español y en la acción de inconstitucionalidad mexicana

En este último apartado analizaré la implementación concreta de la legitimación activa en el control abstracto de normas en los sistemas jurídicos español y mexicano, en específico, el recurso de inconstitucionalidad y el control constitucional.

5.4.1 La regulación de la legitimación activa en el recurso de inconstitucional español

La Constitución española al respecto establece:
Artículo 162
Están legitimados:

a) Para interponer el recurso de inconstitucionalidad, el Presidente del Gobierno, el Defensor del Pueblo, 50 Diputados, 50 Senadores, los órganos colegiados ejecutivos de las Comunidades Autónomas y, en su caso, las Asambleas de las mismas.

5.4.2 La regulación de la legitimación activa en acción de inconstitucionalidad mexicana

El artículo 105 de la Constitución Política de los Estados Unidos Mexicanos regula la acción de inconstitucionalidad en los siguientes términos:

Artículo 105. La Suprema Corte de Justicia de la Nación conocerá, en los términos que señale la ley reglamentaria, de los asuntos siguientes:

I. […]

II. De las acciones de inconstitucionalidad que tengan por objeto plantear la posible contradicción entre una norma de carácter general y esta Constitución.

Párrafo reformado DOF 22-08-1996

Las acciones de inconstitucionalidad podrán ejercitarse, dentro de los treinta días naturales siguientes a la fecha de publicación de la norma, por:

a) El equivalente al treinta y tres por ciento de los integrantes de la Cámara de Diputados del Congreso de la Unión, en contra de leyes federales;

Inciso reformado DOF 29-01-2016

b) El equivalente al treinta y tres por ciento de los integrantes del Senado, en contra de las leyes federales o de tratados internacionales celebrados por el Estado Mexicano;

Inciso reformado DOF 29-01-2016

c) El Ejecutivo Federal, por conducto del Consejero Jurídico del Gobierno, en contra de normas generales de carácter federal y de las entidades federativas;

Inciso reformado DOF 10-02-2014

d) El equivalente al treinta y tres por ciento de los integrantes de alguna de las Legislaturas de las entidades federativas en contra de las leyes expedidas por el propio órgano;

Inciso reformado DOF 22-08-1996, 29-01-2016

e) Se deroga.

Inciso reformado DOF 22-08-1996. Derogado DOF 29-01-2016

f) Los partidos políticos con registro ante el Instituto Nacional Electoral, por conducto de sus dirigencias nacionales, en contra de leyes electorales federales o locales; y los partidos políticos con registro en una entidad federativa, a través de sus dirigencias, exclusivamente en contra de leyes electorales expedidas por la Legislatura de la entidad federativa que les otorgó el registro;

Inciso adicionado DOF 22-08-1996. Reformado DOF 10-02-2014, 29-01-2016

g) La Comisión Nacional de los Derechos Humanos, en contra de leyes de carácter federal o de las entidades federativas, así como de tratados internacionales celebrados por el Ejecutivo Federal y aprobados por el Senado de la República, que vulneren los derechos humanos consagrados en esta Constitución y en los tratados internacionales de los que México sea parte. Asimismo, los organismos de protección de los derechos humanos equivalentes en las entidades federativas, en contra de leyes expedidas por las Legislaturas;

Inciso adicionado DOF 14-09-2006. Reformado DOF 10-06-2011, 29-01-2016

h) El organismo garante que establece el artículo 6° de esta Constitución en contra de leyes de carácter federal y local, así como de tratados internacionales celebrados por el Ejecutivo Federal y aprobados por el Senado de la República, que vulneren el derecho al acceso a la información pública y la protección de datos personales. Asimismo, los organismos garantes equivalentes en las entidades federativas, en contra de leyes expedidas por las Legislaturas locales; e

Inciso adicionado DOF 07-02-2014. Reformado DOF 29-01-2016

i) El Fiscal General de la República respecto de leyes federales y de las entidades federativas, en materia penal y procesal penal, así como las relacionadas con el ámbito de sus funciones;

Inciso adicionado DOF 10-02-2014

La única vía para plantear la no conformidad de las leyes electorales a la Constitución es la prevista en este artículo.

Párrafo adicionado DOF 22-08-1996

Las leyes electorales federal y locales deberán promulgarse y publicarse por lo menos noventa días antes de que inicie el proceso electoral en que vayan a aplicarse, y durante el mismo no podrá haber modificaciones legales fundamentales.

Párrafo adicionado DOF 22-08-1996

Las resoluciones de la Suprema Corte de Justicia sólo podrán declarar la invalidez de las normas impugnadas, siempre que fueren aprobadas por una mayoría de cuando menos ocho votos.

5.5 Comparación jurídica

Si bien podemos criticar a los dos ordenamientos jurídicos en base a la restricción que tienen para conocer de la revisión constitucional de otras normas generales como, por ejemplo, los reglamentos.

En cuanto a nuestro tema específico la legitimación activa, podemos señalar que importantes diferencias entre un ordenamiento y otro, en principio, el ordenamiento español maneja un número mayor de sujetos con este derecho procesal.

Otra diferencia notable es que los porcentajes son muy diferentes, mientras en México es una tercera parte del órgano, en España se trata de 50 diputados que son la séptima parte y 50 Senadores que son la quinta parte, esto trae repercusiones de fondo en la democracia plural, independientemente de las circunstancias de cada país.

Otro punto importante es el hecho de que uno de los sujetos no contemplados inicialmente en el ordenamiento jurídico mexicano es la Comisión Nacional de los Derechos Humanos, institución análoga al Defensor del Pueblo, este se incluyó hasta 2006.

5.6 Conclusiones

Primera. La legitimación procesal activa en el control abstracto de la legislación es una clave fundamental en el diseño de las instituciones.

Segunda. El responsable intelectual del control jurisdiccional de las leyes, en cuando al modelo europeo, es Hans Kelsen quien analizó varias posibilidades para establecer la legitimación activa, entre ellas: la acción popular, que desaprueba sin tomar en cuenta que hay la posibilidad de establecer un número calificado como lo hace la Constitución de Hessen (la acción popular cualificada); la posibilidad de iniciar de oficio el procedimiento que lo acepta y apoya con la finalidad de proteger la Constitución en su integridad; la minoría parlamentaria, lo cual es necesario para proteger, según este autor, el derecho de las minorías.

Tercera. El propio Kelsen señala que una de las características del control constitucional es el hecho de que legitimación activa debe ser restringida a algunos sujetos solamente.

Cuarta. Existen muchas diferencias entre la legitimación activa del recurso de inconstitucionalidad español y la acción de inconstitucionalidad mexicano, entre las más importantes se encuentra el hecho de que en México la Comisión Nacional de los Derechos Humanos no tiene ese derecho como si lo tiene el Defensor del Pueblo español.

Quinta. Al no estar legitimada la Comisión Nacional de los Derechos Humanos para interponer la acción de inconstitucionalidad fue una forma de restringir la protección a los derechos humanos en nuestro país, hasta 2006 que fue incorporada y hasta la fecha han sido presentadas una gran cantidad de acciones de inconstitucionalidad y algunas de ellas han sido fundadas, por lo que la versión de este libro en 2005 tenía toda la razón.

5.7 Bibliohemerografía

Cappelletti, Mauro (1987), La Justicia Constitucional. México: UNAM.
Ferejohn, John; von Beyme, Klaus, y Halmal, Gábor (2002), Constitutional Justice, East and West. Ed. Wojciech Sadurski. 2002: Kluwer.
Fix-Zamudio, Héctor (1982), La Protección Procesal de los Derechos Humanos. Madrid: Civitas.
------ (2002), "Breves Reflexiones Sobre la Naturaleza, Estructura y Funciones de los Organismos Jurisdiccionales Especializados en la Resolución de Procesos Constitucionales," en Juan Vega Gómez y Edgar Corzo Sosa (ed.) Tribunales y Justicia Constitucional. Memoria del VII Congreso Iberoamericano de Derecho Constitucional. México: UNAM.
Kelsen, Hans (2001), La Garantía Jurisdiccional de la Constitución. Trad. Rolando Tamayo y Salmorán. México: UNAM.
Magaloni Kerpel, Ana Laura (2002), "Controverses sur la Justice Constitutionnelle," en Juan Vega Gómez y Edgar Corzo Sosa (ed.) Tribunales y Justicia Constitucional. Memoria del VII Congreso Iberoamericano de Derecho Constitucional. México: UNAM.
Mantilla Martos, José A. (2002), Minoría Política y Tribunal Constitucional. Madrid: Trotta.
Prieto Sanchís, Luis (2003), La Justicia Constitucional y los Derechos Fundamentales. Madrid: Trotta.
Sagüés, Néstor Pedro (2002), "Instrumentos de la justicia constitucional frente a la inconstitucionalidad por omisión," en Instrumentos de tutela y justicia constitucional. Memoria del VII Congreso Iberoamericano de Derechos Constitucional. México: UNAM.

Siqueira Freire, Alexandre Reis y Soares, Guilherme (2002), "Argüicao de Descumprimento de Preceito Fundamental: Perspectivas Do Novo Instrumento Brasileiro de Justicia Constitucional," in Instrumentos de Tutela y Justicia Constitucional. Memoria del VII Congreso Iberoamericano de Derechos Constitucional. México: UNAM.

Tamayo y Salmorán, Rolando (1989), "Voz legitimidad," en IIJ (ed.) Diccionario Jurídico Mexicano. México: UNAM.

Viala, Alexandre (2002) "Controverses sur la Justice Constitutionnelle," en Juan Vega Gómez y Edgar Corzo Sosa (ed.) Tribunales y Justicia Constitucional. Memoria del VII Congreso Iberoamericano de Derecho Constitucional. México: UNAM.

ENSAYOS SOBRE DERECHOS HUMANOS

Mtro. Jorge Mena Vázquez

Prólogo del Doctor Héctor Fix Zamudio

Sobre el autor

Actualmente el maestro Jorge Mena Vázquez es profesor por oposición de las materias Argumentación Jurídica y Filosofía del Derecho en la Facultad de Derecho de la Universidad Nacional Autónoma de México (UNAM).

Es maestro en derecho, vertiente filosófica, y pasante de doctorado en derecho, ambos por la Universidad Nacional Autónoma de México (UNAM), tiene acreditado el Diploma de Estudios Avanzados en el doctorado en derechos humanos en la Universidad Nacional de Educación a Distancia en España (UNED), licenciado en Derecho por el Instituto Tecnológico y de Estudios de Monterrey (ITESM), Campus Monterrey, cuenta con cinco diplomados: juicio de amparo y argumentación jurídica en el Instituto Tecnológico Autónomo de México (ITAM), Cultura y Valores Occidentales por el Centro Panamericano de Humanidades, en Derechos Humanos por la Universidad de Estudios de Posgrado y en equidad de género por la Universidad Pompeu Fabra (UPF). Ha recibido cursos sobre derecho e informática en las universidades de Stanford y Harvard.

El maestro Mena-Vázquez ha dictado conferencias en todas universidades públicas de las entidades federativas, en instituciones mexicanas privadas como el Instituto Tecnológico Autónomo de México, (ITAM) y la Universidad Panamericana (UP), así como en universidades en el extranjero como en la American University, Washington D.C., EUA, Free University, Amsterdam, Holanda, Johann Wolfgang Goethe, Fráncfort del Meno, Alemania, Universidad Nacional de Cajamarca, Perú, entre otras.

Fue profesor de asignatura en el Posgrado de la Facultad de Derecho (UNAM), Tec de Monterrey, campus Ciudad de México (ITESM), Centro de Investigación y Docencia Económicas (CIDE), Universidad del Valle de México (UVM), Universidad Latinoamericana (UL), Universidad Autónoma de Nuevo León (UANL) y Universidad Autónoma de Yucatán (UADY).

Otras publicaciones y materiales de difusión del autor

Libros

Mena Vázquez, Jorge, (2012), Et. Al, Marco Jurídico de la Seguridad Pública en México, México: Porrúa. Página web: https://universalidadeducativa.files.wordpress.com/2014/09/el-marco-juridico-de-la-seguridad-publica-en-mexico.pdf (Primeras páginas)

Mena Vázquez, Jorge, Soberanes Fernández, José Luis y García López Guerrero, Luis (Coords.) (2005), Ley de la Comisión Nacional de Derechos Humanos comentada y concordada, México: CNDH. Página web: http://200.33.14.34:1010/legcndh/leydoccndh.pdf

Mena Vázquez, Jorge e Ibarra Romo, Mauricio, (coautores) (2002) El Ombudsman Municipal en México y en el Mundo, México: CNDH. Página web: http://200.33.14.34:1010/ombudsman/municipal.pdf

Publicaciones electrónicas

Mena Vázquez, Jorge (2012) Los conflictos de competencias entre los subsistemas de control constitucional de amparo y de medios de impugnación en materia electoral, México: TEPJF, página web: http://www.te.gob.mx/ccje/Archivos/Competencia_subsistemas_control.pdf

Mena Vázquez, Jorge (2012) Manual de individualización de sanciones en el Derechos Administrativo Sancionador Electoral (DASE) Página web: http://www.te.gob.mx/ccje/Archivos/Manual_Individualizacion_Sanciones.pdf

Artículos en revistas

Mena Vázquez, Jorge, (2002) "Breves reflexiones sobre el origen y el desarrollo del derecho a la información", Jurípolis. Revista del Departamento de Ciencia Política y Derecho del Instituto Tecnológico y de Estudios Superiores de Monterrey, Campus Ciudad de México, número 1. https://drive.google.com/drive/u/1/folders/0BwZ6jVDgCRRPZkNtTFNYV2NNUWM

Mena Vázquez, Jorge (2004), "El desconocimiento Jurídico y sus alternativas racionales", en Revista del Instituto de la Judicatura Federal, número 17, México: Instituto de la Judicatura Federal. Página web: https://www.ijf.cjf.gob.mx/publicaciones/revista/17/r17_4.pdf

Mena Vázquez, Jorge (2006), "Derechos Humanos vs. Democracia", en Derechos Humanos México, año 1, número 2, México: CNDH, pp. 147-166, página web: http://200.33.14.34:1010/revistas/Cenadeh02.pdf y http://www.juridicas.unam.mx/publica/librev/rev/derhumex/cont/2/art/art6.pdf

Mena Vázquez, Jorge (2009), "Análisis de la contradicción de tesis 1/2009 de la Sala Superior del Tribunal Electoral del Poder Judicial de la Federación", en Jurípolis. Revista del Departamento de Derecho del Instituto Tecnológico y de Estudios Superiores de Monterrey, Campus Ciudad de México, número 9. Página Web: https://drive.google.com/open?id=0BwZ6jVDgCRRPWlJYYmc2MUN1TUk

Mena Vázquez, Jorge (2010),"El amicus curiae como herramienta de la democracia deliberativa", en Justicia Electoral. Revista del Tribunal Electoral del Poder Judicial de la Federación, Cuarta Época, vol. 1, núm. 6, pp. 173-196. Página Web: https://www.te.gob.mx/publicaciones/sites/default/files//archivos_libros/06%20juel_a6_n2_completo_0.pdf

Guías de estudio:

Argumentación jurídica, México: UNAM, página web: https://drive.google.com/open?id=0BwZ6jVDgCRRPUXNRTWp5dUhkQ3M
Notas introductorias:
Mena Vázquez, Jorge, "Nota Introductoria: SUP-RAP-234/2009 y acumulados " en Salazar Ugarte, Pedro, (2012) ¿Un tribunal constitucional? Tres sentencias y un traspié político, México: TEPJF, (versión electrónica en: https://www.te.gob.mx/publicaciones/sites/default/files//archivos_libros/Comentarios%20a%20las%20Sentencias%20No.%2043.pdf

Reseñas

Astudillo, César (coord.), 2013, Instituciones electorales nacionales a debate, México, Tirant lo Blanch, 276 pp., página web: https://revistas.juridicas.unam.mx/index.php/derecho-electoral/article/view/10065/12093

Participación en Congresos

Mena Vázquez, Jorge, La educación en derecho en la era de la información, octubre 2003, México: Archivo General de la Nación, Primer Congreso Nacional "Cultura de la legalidad e informática Jurídica", página web: www.ordenjuridico.gob.mx/Congreso/pdf/154.pdf

Programas de Televisión

Mena Vázquez, Jorge y V.V. AA. (2011), "Personas con discapacidad y sus derechos políticos electorales", programa Entre Argumentos, conductora: Lucy Farías, México: TEPJF, fecha de transmisión: 7 de julio de 2011, retransmisión: 22 de diciembre de 2011.
https://www.te.gob.mx/transmisiones/tv/programa.asp?id=1&next=1&page=3
https://www.te.gob.mx/transmisiones/tv/programa.asp?id=1&next=1&page=9
Mena Vázquez, Jorge; Gargarella, Roberto y Avante Juárez, Alejandro David (2010), "Constitucionalismo latinoamericano", programa Entre

Argumentos, conductora: Lucy Farías, México: TEPJF, fecha de transmisión: 25 de noviembre de 2010.
https://www.te.gob.mx/transmisiones/tv/programa.asp?id=1&next=1&page=17

Made in the USA
Columbia, SC
17 March 2020